Juan Carlos Gómez

Simplemente Economía

EDITORIAL BIOSFERA, 2007

TABLA DE CONTENIDO

Introducción 7

CAPÍTULO I
Importancia de la actividad económica 11

CAPÍTULO II
La Actividad Económica a través de la Historia 19
El Uso del Dinero 21
La Introducción de la Contabilidad 22
Las Primeras Organizaciones Mercantiles 22
Los Griegos 23
Los Romanos 25
El Desarrollo Económico Chino de la Antigüedad 27
El Islam – Grandeza y Declinación 30
El Ínterin Medieval Europeo 32
La Influencia Cristiana 32
Surgimiento de las Ciudades-Estados Italianas 34
Las Ferias 34
La Liga Hanseática 35
Expansión de los Capitalistas Italianos 35
El Poder de las Familias Banqueras 36
Riesgos y Fracasos Bancarios 37
El Mercantilismo 38
Fin del Mercantilismo 41

CAPÍTULO III
La Revolución Industrial 43
Adam Smith 44
Los Factores Propiciadores 47
La Industria 48
Los Inventos 51
El Capital y la Labor 52
El Transporte y el Comercio 53
El Dinero en la Revolución Industrial 54

CAPÍTULO IV
El Siglo XX. Su Desarrollo Económico, Científico y Tecnológico 55
Los Avances Tecnológicos 56
Surgimiento de la Electricidad 57
La Industria del Automóvil 58
La Industria Química 58
La Electrónica 59

La Energía 59

CAPÍTULO V
La Economía de Mercado 65
Diferencias en un mundo caracterizado por la Economía de Mercado 69

CAPÍTULO VI
Macroeconomía 73
Índices Macroeconómicos 75
Las Cuentas Nacionales 76
El Producto Interno Bruto (PIB) 76
Productividad y Estándares de Vida 81
Inflación 83
Política Monetaria 85
La Balanza Comercial y en Cuenta Corriente 89
Estado vs. Sector Privado 90
Desempleo 92

CAPÍTULO VII
Microeconomía 95
Evolución 98
Formación de una Corporación 99
Gerencia de la Corporación 100
Poderes Corporativos 102
Financiamiento de una Corporación 102

CAPÍTULO VIII
Las Finanzas Empresariales 105
Funciones del VPF 106
Valor Presente Neto 110
Tasa Interna de Retorno (TIR) 113
Riesgos 115
Costo Promedio del Capital de una Empresa 118
Tasas de Retorno en la Valoración de una Inversión o de una Empresa . . . 119
Medida del Riesgo de una Acción Bursátil 120
Tipos de Financiamiento 121

CAPÍTULO IX
El Elemento Comercial 123
Satisfacción de la Necesidades de los Clientes y Consumidores 125
Análisis de Competitividad 126
Planificación del Mercadeo 129
Resistencia a la Entrada de Nuevos Actores 130
Rivalidad entre Empresas Existentes 131
Amenazas de Substitutos 131

Análisis del Portafolio de Productos 133
Market Share Relativo. 134

CAPÍTULO X

El Elemento Humano 137
Evaluación de Desempeño. 140
Sistemas de Compensación 141

CAPÍTULO XI

Evaluación de la Gestión Empresarial 143
Estado de Ganancias y Pérdidas 143
El Balance General 146
Cambios en la Posición Financiera 148
Pruebas Financieras. 149
Liquidez 149
Liquidez General. 150
Turnover Ratios 151

CAPÍTULO XII

La Planificación Estratégica. 153
Visión y Misión 156
Objetivos 157
Estrategias y Tácticas Empresariales. 158
Desarrollo de Estrategias. 159
Análisis del Entorno. 159
Componentes del Entorno 160
Dos Modalidades de Análisis. 161
Peter Schwartz y la Planificación por Escenarios 162
Ganadores y Perdedores 164
Retos y Respuestas 165
Evolución 166
Análisis Organizacional. 168

CAPÍTULO XIII

Pobreza y Riqueza 171
Dos Formas de Colonización. 173
Los Estados Unidos de América. 174
Latinoamérica 177
Dependencia. 180
Relación entre economías Productivas y Naciones Ricas 181
El Futuro de los Estados Pobres 185

BIBLIOGRAFÍA 189

Introducción

Esta obra no pretende ser un texto sobre Ciencia Económica pues su autor reconoce que carece de la formación científica y la dedicación escolástica para atreverse a haber escrito algo de esa naturaleza. La he titulado "Simplemente Economía" porque lo que pretendo es tratar ciertos temas económicos que me han intrigado y, sobre los cuales, me he dado a la tarea de leer profusamente por varios años e investigar más allá de la simple lectura, de manera de tener un cuadro más claro de lo que esos temas significan y cómo ellos pueden tener aplicación en el conocimiento de una ciencia tan importante y en los alcances de su aplicación. Por ello, no hay aquí nada original sino la presentación, en forma que deseo que sea clara, de lo creado, escrito, discutido y citado por verdaderos estudiosos de esta interesante materia. El lector interesado encontrará, al final de esta obra, una extensa bibliografía a la cual puede acudir en el caso de que su interés lo lleve a desear profundizar en algunos de los temas aquí presentados.

Se observará que no he tratado de constreñirme solo a la Economía, sino que, debido a que mi experiencia de muchos años de trabajo en el comercio internacional petrolero y en la decisión sobre asuntos financieros y gerenciales, me han hecho ponerme en contacto con diferentes tipos de empresas en diversos países y en la forma como ellas funcionan, he decidido introducir capítulos que traten temas administrativos empresariales. Es ese mismo contacto diario con temas administrativos y gerenciales, los que me llevaron a la lectura y a la humilde investigación personal. Aunque soy ingeniero de formación, he tenido la fortuna de haber ejercido la docencia en una universidad venezolana por más de una década. Si bien las materias de la carrera de ingeniería que dictaba, no tenían nada que ver con la economía, al conjugar el contacto con el estudiante de ingeniería con lo que era mi experiencia de trabajo, pensé también que esta obra podía ser útil a ese estudiante. No obstante, mientras desarrollaba los diversos temas, me fui dando cuenta de que lo que se estaba exponiendo igual podía ser de utilidad para cualquier estudiante de cualquier carrera universitaria o técnica y, en general, para cualquier persona – estudiante o no – cuya actividad diaria estuviese o fuese a estar, ligada a la economía o a las finanzas.

Toda persona que ocupa una posición en el mercado laboral, estará trabajando o por su cuenta o para una entidad pública o privada en la que se ha invertido una cierta cantidad de dinero - grande o pequeña - para lograr objetivos que, en su mayoría, estarán relacionados con la multiplicación del dinero invertido bajo la forma de intereses, plusvalía, ganancias o, simplemente, bienestar para la población a la cual sirve la obra. De forma que es difícil que alguien que desempeña una actividad pueda decir que la economía le es indiferente ya que, desde el momento en el que comienza a prestar sus servicios, se verá envuelto en actividades que persiguen un objetivo económico. Todo empleador - público o privado- si maneja correctamente los recursos a su cargo, esperará que el dinero que se le paga al empleado, profesional o no, en sueldos, bonificaciones y otras prebendas, sea menor que el beneficio económico que esa persona le rinde a la entidad que lo contrató.

En mis tiempos de estudiante de Ingeniería, basados en el supuesto "prestigio" que nos daba estar relacionado con asignaturas tales como el Análisis Matemático y la Geometría Descriptiva - para mencionar algunas de las más abstractas -, tendíamos a mirar por encima del hombro a aquellos que se dedicaban al estudio de la Economía como profesión. Nos parecía que se trataba de una especialidad menos exigente y, por lo tanto, propia para personas incapaces de aguantar el ritmo que demandaban los estudios de nuestra carrera. Lo que no sospechábamos era que, tarde o temprano, en nuestra vida diaria, y en nuestra vida profesional, íbamos a estar cada vez más involucrados en los aspectos económicos de nuestras entidades empleadoras o que, si escogíamos la vía del ejercicio profesional independiente, íbamos a lidiar, cada día, con elementos económicos que podían tornarse complejos. Desconozco si esa percepción de mis tiempos de estudiante ha cambiado. Es por ello que esta obra persigue llevar al lector de la mano, en forma sencilla, por el camino de los conceptos económicos que debe manejar cuando actúe en la actividad empresarial, o en cualquier entidad, aunque ésta sea sin fines de lucro.

Comenzaremos por las motivaciones intrínsecas en nuestra psiquis, y en nuestras necesidades materiales, que nos hacen involucrarnos en la invención, producción, mejoramiento y comercio de bienes materiales y en las vías para ahorrar y multiplicar los beneficios obtenidos. Veremos que a la motivación, simplemente egoísta, de realizar una labor por el dinero que recibimos, se anteponen otras consideraciones en las que pueden estar el logro personal o profesional y el amor por lo que hacemos. Entendido esto, pasaremos a revisar, en forma sucinta, lo que ha sido la historia de las actividades económicas en el mundo hasta el día presente. El objetivo así perseguido es el de mostrar que los factores económicos actuales, que encontramos en nuestras vidas y en el desempeño de nuestras ocupaciones, son producto de un lento desarrollo a través de los siglos, con períodos de frenético avance, tal como el de finales del siglo XVIII hasta el presente, así como períodos de estancamiento, como el que transcurrió desde la caída del Imperio Romano hasta los finales de la Edad Media. Hecho esto, nos adentraremos en los conceptos macroeconómicos, de forma de entender la manera en la que se miden y se comparan las economías en el mundo y los mecanismos usados por los diversos países para el control de sus respectivas economías. Luego, pasaremos a la Microeconomía, es decir, a la economía de las empresas. En ese aparte discutiremos los tipos de empresas y los elementos básicos que las constituyen. Entre estos últimos destacaremos aquellos que proporcionan los recursos para el funcionamiento empresarial, valga decir, el recurso financiero y el recurso humano. Seguidamente, nuestro recorrido nos llevará a la exposición del elemento comercial, clave en el buen desempeño de una empresa.

Una actividad empresarial relevante es la planificación, por lo que le dedicaremos especial atención a ella en cuanto a su importancia y a los tipos conocidos de planificación pública y empresarial existentes. En un capítulo subsiguiente enfocaremos la evaluación de la gestión empresarial. Antes de finalizar, dedicaremos tiempo a analizar el por qué algunas naciones han tenido éxito económico y otras han fracasado en el intento.

Los estudiosos de la economía como ciencia no encontrarán, en esta modesta obra, las complejas teorías y las más complicadas fórmulas que son características de obras de mayor complejidad. Como lo expuse al principio, no es ese el objetivo. En su lugar, deseo presentar unos conceptos, explicados con tal sencillez, que puedan ser comprendidos por lectores deseosos de entrar en este interesante y útil mundo de la Economía.

CAPÍTULO I

Importancia de la Actividad Económica

Aún en la época prehistórica, en la que los elementos económicos - tales como el dinero - no habían sido creados, el ser humano siempre desempeñó actividades económicas. La búsqueda de alimento o de cobijo quizás no pueda interpretarse como actividad económica sino de sobrevivencia, pero el eventual intercambio de una pieza de cacería por una piel para protegerse de la intemperie, es de por sí una actividad comercial aunque no hubiesen mediado elementos de intercambio – aun no creados – sino el simple trueque. Sabemos que la actividad agrícola en la humanidad se desarrolló por primera vez en la zona de la Mesopotamia (en donde actualmente se encuentran Irak e Irán), hace aproximadamente diez mil años. Esto significó una revolución, si entendemos como tal, el abandono de lo que hasta ese momento era fundamental para la alimentación: la cacería y la recolección, para la dedicación individual, o de grupo, a la siembra, cultivo y recolección de los frutos de la tierra. Y hablamos de revolución porque este cambio transformó el estilo de vida nómada de la humanidad en sedentario, lo que, posteriormente, dio origen al establecimiento de comunidades radicadas en un sitio determinado. Con esa radicación surgieron con el tiempo tanto los fenómenos culturales como religiosos y sus respectivas estructuras; elementos sociales que, hasta ese momento, eran desconocidos.

La estructuración de la sociedad dio origen a las características sociales y políticas de la antigüedad, las cuales, a su vez, fueron la fuente de las reglas de funcionamiento para sus integrantes. Una de esas reglas fue el uso que se le debía dar a los excedentes de producción agrícola. En principio, los productos agrícolas se usaron para favorecer a una población cada vez más numerosa y, por ende, más poderosa y capaz de emprender la conquista de otros pueblos o, simplemente, de defender sus territorios. Cuando esas necesidades estuvieron satisfechas, los excedentes se usaron para intercambiarlos por alimentos que no eran producidos en su medio pero que se podían conseguir en pueblos vecinos. Igualmente, por productos manufacturados, o de lujo, que no eran fabricados dentro de los confines de la comunidad respectiva. De manera que la actividad agrícola fue el germen de la actividad económica pues permitió el establecimiento de sociedades que, aunque primitivas, eran capaces de crear y distribuir la riqueza. Una interrogante, que algunas veces se planteó, y que ya tiene respuesta, fue la razón de que todo esto comenzara en Mesopotamia. La explicación más plausible ha sido la de que las condiciones climáticas de esa zona hace diez mil años eran lo más parecido a lo que bíblicamente se describe como "Paraíso Terrenal": clima favorable, abundante suelo fértil, lluvias moderadas y un largo período anual de condiciones apropiadas para la siembra, el cuidado y la recolección de los frutos. Es posible que la aparición de la actividad agrícola haya sido accidental en la medida en la que semillas de algún cereal, hasta ese momento silvestre, cayeron a la tierra y las condiciones óptimas permitieron la aparición de nuevas plantas. La curiosidad humana llevó a probar este fruto y, mediante su mezcla con agua y bajo la transformación que experimentaba al calentarlo, le hizo darse cuenta de que era agradable y alimenticio. El resto se convirtió en historia.

Otra interrogante fue la de que por qué se extendió a Europa y Asia, es decir en sentido este-oeste y no en la orientación norte-sur. La respuesta era simple: en la franja este-oeste privaron – y privan aún con algunas excepciones – las mismas condiciones climáticas, no así en la medida en la que, en cualquier continente, se viaja en la dirección norte-sur. De forma que esto puede explicar el desarrollo de culturas avanzadas en toda una zona templada que va desde el extremo ibérico de Europa hasta los confines del Lejano Oriente. Pero, además de la presencia de parecidas condiciones climáticas, el desarrollo necesitó de la contigüidad, es decir, tanto la agricultura como sus avances, requerirían que no hubiese barreras geográficas que impidieran la difusión de los desarrollos. Al estar todos en conocimiento de las posibilidades de la agricultura, cada pueblo pudo tener un desarrollo mayor o menor, y ser capaz de crear las condiciones para el establecimiento de culturas y para manejar económicamente sus respectivas producciones y comercializar con otros sus excedentes. Esta misma explicación parece ser la razón de que dos culturas avanzadas en nuestro continente: la inca y la maya, o luego la azteca, no llegaron a tener un desarrollo paralelo, aprovechándose una de los avances de la otra y, creando, de esta forma, la sinergia necesaria para un avance mayor.

Resumiendo, la agricultura cambió el estilo de vida nómada en sedentario y permitió el establecimiento de civilizaciones. Cada civilización manejó de una manera distinta lo que era capaz de producir y cómo se irían a usar los excedentes resultantes. Sin embargo, todas, en una forma u otra, estuvieron involucradas en elementos económicos tales como la escogencia de aquellas actividades que mejores rendimientos podían darles en el intercambio o comercio y en el ahorro. El producto resultante de todo esto fue la creación de clases económicas y sociales distintas al estar los más favorecidos en posibilidad de contar con una porción mayor del excedente, el cual, casi inexorablemente, se usó para aumentarlo o para usarlo en la adquisición de artículos de lujo y de prestigio social. El surgimiento de grandes civilizaciones en las márgenes de los ríos Tigris y Eufrates, China, la India, Egipto, Grecia y Roma es el producto de condiciones climáticas favorables a la agricultura y de su mutua vecindad. Una vez establecidas las poblaciones básicas, uno de los asuntos más importantes a resolver fue el manejo – aunque rudimentario en algunos casos – de los factores económicos que pudieran darle permanencia a la civilización establecida. A esto nos referiremos mas adelante en esta obra.

Motivaciones Psicológicas

El ser humano, en cualquiera de las fases en la que se haya encontrado la sociedad en la que le ha tocado vivir, ha tendido, en forma natural, a perseguir la acumulación de bienes materiales. Este fenómeno no se observa en otras especies animales en las que lo principal es obtener lo que se necesita diariamente para subsistir. Si se trata de una especie cazadora, la única preocupación es conseguir la presa que permita mitigar el hambre. Hecho esto, normalmente el animal se entrega a un período de reposo hasta que el hambre vuelve a acuciarle y a obligarle a buscar una nueva presa tanto para él o ella o para sus crías. Algunas especies animales suelen almacenar elementos alimenticios para ser consumidos luego. Esto, en sí, no puede considerarse acumulación de bienes materiales al estilo del ser humano, sino tener una reserva para cuando ciertas condiciones, tales como el clima, hagan imposible conseguir ese tipo de alimentos.

No existe una explicación única para el afán del ser humano por poseer cosas materiales. Una razón, a menudo expuesta, es la de que a través de la posesión, si ésta es mayor que la de nuestros vecinos, adquirimos frente a ellos un cierto grado de prestigio el cual se hace mayor en la medida en que el valor de lo poseído se incrementa. Cuando ese valor - tangible o no - llega a ciertos niveles, el individuo que lo posee adquiere poder, no sólo sobre lo poseído sino sobre el resto de sus congéneres. En las sociedades antiguas, y aún en aquellas más o menos modernas tales como la existente hasta el siglo XIX en Norte y Sur América, uno de los mayores tesoros era la posesión de esclavos aunque, en ciertos casos, el sistema esclavista no fuese el más recomendable desde el punto de vista económico. El dueño o la dueña de otros seres humanos era considerado como una persona de prestigio no sólo porque ello significaba la posesión de fortuna material, sino porque se consideraba, y así se veía a sí mismo, como un ser superior que tenía un número determinado de seres inferiores para que desarrollaran los trabajos "indignos" que su condición le impedía. Un dueño de esclavos de la antigua Roma, o de una plantación del sur de los Estados Unidos hasta mediados del siglo XIX, era, adicionalmente, una persona de gran poder tanto en lo económico como en lo político. Su influencia en las decisiones, bien del Senado romano o en los órganos de dirección política en su estado, no era despreciable, por lo que su posición era motivo de envidia entre los menos afortunados. Esta posición de poder sobre otros es, según ciertos estudiosos, la razón primordial para la acumulación de posesiones, incluidas entre éstas, la de seres humanos.

Otra razón, a menudo señalada, es el deseo biológico de conservar nuestra vida. Seamos o no felices, de acuerdo a Erich Fromm, nuestro cuerpo nos impulsa a esforzarnos en ser inmortales. Sin embargo, por experiencia, sabemos que vamos a morir algún día; por ello, buscamos soluciones que nos hagan creer que, a pesar de la evidencia empírica, somos inmortales. Este deseo ha tomado muchas formas: la creencia de los faraones de que sus cuerpos, guardados como reliquias en las pirámides, serían inmortales; o las fantasías religiosas de algunas sociedades primitivas de cazadores que establecían que, después de la muerte entrarían en inagotables cotos de caza; o los "paraísos" que forman parte importante de la fe de cristianos y musulmanes. En las sociedades actuales, la fama, la celebridad y, en cierto modo la publicidad, han pasado a constituir esa tan ansiada "inmortalidad". En igual nivel que estas formas de inmortalidad, la posesión de propiedades constituye también el cumplimiento de ese deseo de ser inmortales y de allí el reforzamiento de la orientación hacia el tener. Si mi "yo" está constituido por las cosas que poseo, y esas cosas son, o las considero, indestructibles, entonces "yo soy inmortal".

Este deseo profundo de nuestra psiquis de poseer, se ha mantenido e incrementado a través de los siglos puesto que cada vez más personas tienen la oportunidad de poseer algo. En la actualidad, nuestro juicio hacia el apego por las cosas materiales de nuestra sociedad se encuentra deformado porque sus pilares de existencia son la propiedad privada, el lucro y el poder. En cierto modo, en los países de mayor desarrollo no importan los orígenes de la propiedad siempre que las leyes no hayan sido violadas. Y se ha llamado privada a esta propiedad (del latín privare) porque las personas que la poseen son sus dueños absolutos y tienen poder pleno para "privar" al resto de su uso o disfrute. En el presente se admite que la propiedad privada es un derecho natural puesto que sólo en las civilizaciones muy primitivas, en las que la economía no es la preocupación principal de sus integrantes, se puede hablar de propiedad común o compartida.

Frente a la propiedad privada tenemos, con frecuencia, posiciones encontradas. Siempre, en todas las sociedades, ha existido un grupo de sus integrantes que la rechazan porque la acusan de ser la responsable del desequilibrio existente en la asignación de los recursos que deben corresponder a todos. Sin embargo, como veremos en otro capítulo, sin propiedad privada no puede concebirse el desarrollo económico sostenido de ningún país o región, puesto que, en mucho, ese desarrollo está ligado al interés propio de cada persona. De eso hablaremos extensamente más adelante.

El economista John Kay, en un libro de reciente publicación (2003), titulado "Culture and Prosperity", señala que la conducta económica individual no la gobierna en forma exclusiva el interés propio. Para este autor, la pasión que consume a Bill Gates, el hombre más rico del planeta, no es el dinero sino la tecnología de información y, como éste, hay muchos otros ejemplos que no deben sorprendernos ya que en todas las actividades, desde el tenis a los negocios, los actores de mayor éxito son aquellos que se dedican a sus actividades por ellas mismas y no como un medio para obtener el fin de hacerse ricos. Prosigue Kay señalando que, en todas las sociedades, existen personas muy inteligentes - o muy astutas - obsesionadas por la ganancia personal, y esto los conduce hacia la política ya que al controlar el aparato estatal se encuentran en la ruta más expedita y segura de enriquecerse personalmente. Es este un fenómeno que ocurre con mucha frecuencia en los países más atrasados. Ante estas tendencias, los países ricos de la actualidad han establecido mecanismos para impedir la entrada de este tipo de personas en el gobierno, lo cual ha sido uno de los principales factores que los mantiene ricos frente a un elevado número de países que permanecen pobres en los que estos mecanismos, si existen, no se aplican. En los países más desarrollados, se presenta, a menudo aunque no siempre, la situación de que la gente se hace rica para luego incursionar en la política, no meterse en política para de esa manera hacerse ricos. En los negocios, el materialismo egoísta en extremo es una característica del "sociópata", no de los grandes líderes empresariales. El líder que busca solamente su beneficio personal poco dura en un ambiente empresarial complejo donde el éxito depende de las relaciones y de la cooperación con otras personas. De hecho, los líderes mas destacados son casi siempre aquellos que anteponen el éxito de su empresa al dinero que puedan percibir.

En otra forma de explicar las motivaciones sicológicas a las que hacemos referencia, vale la pena revisar lo expuesto por Francis Fukuyama en su obra "The End of History and the Last Man" donde expresa que el proceso histórico del hombre puede ser entendido como la interacción entre dos grandes fuerzas: el deseo racional mediante el cual los seres humanos buscamos satisfacer nuestras necesidades materiales a través de la acumulación de riqueza, y lo que Hegel llamó "la lucha por el reconocimiento", lo cual no es más que el deseo de todos los seres humanos de contar con el reconocimiento de sus semejantes. Añade Fukuyama que el deseo del reconocimiento no tiene un objetivo material sino que busca que recibamos una evaluación justa de lo que valemos por parte de los demás ya que todos creemos que tenemos un valor y una dignidad intrínsecos, y nos molestamos cuando no recibimos de nuestros semejantes la misma apreciación que tenemos de nosotros mismos. Por lo tanto, nuestra motivación para trabajar y ganar dinero está más relacionada con el reconocimiento que tal actividad nos proporciona, por lo que el dinero ganado se convierte más bien, en un símbolo de estatus y del anhelado reconocimiento.

Las normas con las que funciona una sociedad moldean el carácter de sus miembros. En la sociedad industrial o post-industrial, como esta en la que vivimos, una norma de conducta, hasta ahora seguida fielmente por la mayoría de sus integrantes, es el deseo de adquirir propiedades, conservarlas y aumentarlas; es decir, obtener ganancias mediante el uso de lo que se posee. El resultado es que, en general, los grandes propietarios son admirados y envidiados como seres supuestamente superiores. Sin embargo, sabemos que la gran mayoría de los habitantes de la Tierra carece de propiedades materiales en el sentido capitalista de la expresión. La pregunta sería: ¿cómo puede esta masa satisfacer esa pasión por adquirir? Más allá del uso de medios ilícitos, la gran mayoría siempre posee y atesora algo y lo aprecia y cuida casi en la misma forma en la que el gran capitalista atesora y cuida sus grandes posesiones. No obstante lo anterior, este deseo por atesorar y cuidar se ha visto opacado en el siglo XX con el énfasis sobre el consumo - no en la conservación de lo poseído - de tal forma que adquirir se ha convertido en comprar para deshacerse de lo anterior, considerado viejo o pasado de moda. Adquirir conduce a tener y usar en forma transitoria, lo cual conduce a desechar o permutar por algo mejor o más nuevo, es decir, a una nueva adquisición con lo que se repite el ciclo.

Si tomamos como ejemplo del ciclo anterior la posesión de un automóvil, nos damos cuenta que el propietario no "ama" al objeto poseído sino que él es representante o símbolo de una posición social, una extensión de su poder, en síntesis, un constructor de su ego. Este sentimiento escondido en los seres humanos ha sido explotado hasta la saciedad por la sociedad industrial para crear modelos nuevos cada día. Y lo que hasta hace poco era verdad en particular con el automóvil ahora lo es con otros elementos de nuestra civilización tales como las computadoras o los teléfonos celulares. Se posee el "perolito" de última moda y con mayores posibilidades, no porque las necesitemos, sino porque somos la envidia de los que nos rodean y, por lo tanto, tenemos poder transitorio sobre ellos.

Un resultado positivo de todo esto es el crecimiento y diversificación de la economía la cual tiene su base en la producción de cada vez un mayor número de artículos en cantidades cada vez más abundantes y a precios cada vez más asequibles.

Formamos parte de un mundo capitalista en donde los ensayos socialistas de extrema izquierda o comunistas, han llevado a sus sociedades al desastre económico y social. El capitalismo se basa en la posibilidad de crear capital y usarlo para lograr su crecimiento. No obstante, como veremos en un capítulo posterior, y como bien lo apunta el estudioso Hernando De Soto en su excelente obra "The Mistery of Capital", en muchos países – entre ellos la mayoría de los países latinoamericanos – la población posee "activos" tales como sus casas o sus negocios que, por haberse construido o instituido fuera del marco legal, es decir son "informales", no pueden ser considerados "capital" puesto que no pueden usarse para lograr financiamientos, elemento casi indispensable en el desarrollo económico. Como veremos, además de que estas economías sufren de un sector "informal" importante que no es contribuyente, este factor, ligado a la confianza más en los líderes de turno que en el imperio de la Ley, ha sido factor del atraso económico de muchos de nuestros países.

Dentro de las consideraciones sobre qué nos lleva a desear poseer bienes económicos, vale la pena mencionar a Max Weber en su obra "The Protestant Ethic and the Spirit of Capitalism". Si partimos de la base de que una de las economías más dinámicas ha sido la de los Estados Unidos y que el germen de esa cultura está en las ideas y costumbres de sus primeros peregrinos, nos damos cuenta, leyendo la obra de Weber, que los puritanos, en su empeño de glorificar a Dios y renunciar a la adquisición de bienes materiales como un fin en sí mismo, desarrollaron ciertas virtudes, tales como la honestidad y el ahorro, que les fueron extremadamente útiles en la acumulación de capital. Si la cultura es un hábito moral, como apunta Francis Fukuyama en su obra "Trust", habrá que concluir que el deseo y la habilidad de poseer e incrementar el valor de lo poseído están íntimamente ligados a la cultura o civilización a la cual se pertenece.

CAPÍTULO II

La Actividad Económica a través de la Historia

La actividad económica está basada en la existencia del concepto de "Negocio". De hecho, cuando nos queremos referir a la creación o existencia de una actividad de producción o de simple compra-venta, hablamos de "un negocio" o de que "me metí en un negocio" o de que "me están proponiendo un negocio". Por ello, vale la pena definir el concepto. Se conoce como tal el arte de combinar el trabajo humano y los recursos naturales y financieros necesarios en un proceso que conduce a la venta de los bienes y servicios producidos y a la administración de los recursos empleados, entendida esta última como la formulación de políticas, la gerencia y el control. Todas estas actividades han sufrido, a través de la historia, una inmensa evolución desde que el concepto "Negocio" apareció en los días pre-históricos; evolución que se ha hecho mucho más marcada en los últimos dos siglos y, en particular, durante el siglo XX.

Como veremos luego, muchas de las instituciones por las que se rigen los negocios ya existían en la antigüedad aunque, obviamente, en menor escala que en el presente y en una forma menos desarrollada. El trabajo humano siempre ha existido pues es impensable la existencia de negocios sin la presencia del trabajo físico o del trabajo intelectual; sin embargo, a partir de la aparición de la Revolución Industrial, en la primera mitad del siglo XVIII, y en especial, en la segunda mitad del siglo XX con el surgimiento de la cibernética y el automatismo en la fabricación, esa presencia ha sufrido grandes transformaciones y, con ella, el concepto de productividad, es decir, del número de unidades producidas por un trabajador en un tiempo determinado. Un fenómeno similar ha ocurrido con los bienes producidos. En los últimos cincuenta años de actividad económica - y en especial en los países desarrollados - ha surgido un énfasis creciente en la producción de servicios en desmedro de la manufactura la cual, por razones eminentemente económicas, se ha ido desplazando hacia aquellos países menos desarrollados en los que menores reglamentaciones laborales, y, por ello, costos más bajos, han hecho posible la fabricación de bienes que pueden ofrecerse a menor precio.

Como ya lo hemos mencionado en el capítulo anterior, fue la agricultura la actividad económica que permitió el desarrollo de las primeras civilizaciones y fue ella la actividad económica fundamental de la antigüedad alrededor de la cual giraron los otros elementos civilizadores: religión, política, existencia de clases, distribución de la riqueza, conflictos, guerras y creación de códigos legales para el manejo de las sociedades existentes. A la agricultura la siguió de cerca, en los centros de mayor riqueza y prosperidad y, por lo tanto, de mayores posibilidades de excedentes, el comercio, pero sin que su ejercicio le otorgase la misma importancia social a los que la desempeñaban.

En los tiempos pre-históricos es de suponer que, sin el descubrimiento de la agricultura, y teniendo como principales actividades la cacería y la recolección, los "pueblos" trashumantes optaron por el intercambio de lo que les sobraba de lo que habían cazado o recogido de manera de cubrir necesidades que su propia actividad no se los permitía. Aunque no existía el dinero como fuente de intercambio, es plausible pensar que ciertos objetos naturales vistosos tales como piezas en bruto o trabajadas de metales o minerales preciosos fueron también objeto de este intercambio. Como no existe un registro de estas transacciones por la ausencia de la escritura, es imposible tener una idea de su magnitud o del énfasis que podían tener en la vida diaria de los que las practicaban.

Cinco mil años después de la aparición de la agricultura (3.000 años antes de nuestra era) ya hay evidencia de que la actividad económica, entendiendo como tal el comercio de los excedentes agrícolas y de los bienes producidos por artistas y artesanos, era una ocupación respetable en el Cercano Oriente, en particular, en los pueblos que ocupaban la franja de tierra que ahora se conoce como Siria, el Líbano e Israel. Estos pueblos extendieron su área de influencia hacia el Mediterráneo occidental, creando, con el tiempo, asentamientos en lugares tan alejados como la península ibérica. Antes de que ellos aparecieran en escena, la importancia de la actividad productiva tuvo su razón de ser en la estrecha relación que guardaba con la religión. Esto fue más evidente en la cuna de la agricultura: Asiria y Babilonia; allí los templos se convirtieron en centros de control en donde los sacerdotes aunaban a sus ocupaciones divinas las terrenales de controlar, no solamente lo que se producía, sino las actividades de los que producían y cómo se iba a distribuir el resultado. A pesar de este estricto control, los comerciantes del Cercano y Medio Oriente alcanzaron gran prosperidad y poder. A los fenicios de Tiro, Sidón y sus asentamientos en Cartago, en el norte de África, se unieron, posteriormente, los griegos de Mileto, Corinto y Alejandría en el norte de Egipto. Todos estos resultaron ser comerciantes muy activos y prósperos aún dentro de las incertidumbres y peligros que representaba la navegación en aquellos tiempos. Esta prosperidad no les permitió tener cabida social en las culturas helénicas y helenísticas en Grecia y en los períodos de la República y primera parte del Imperio Romano. Simplemente, se consideraba que dedicarse al comercio era una ocupación indigna. No obstante, cada día, más y más griegos y romanos, en busca de fortunas, se mantuvieron surcando los mares y viajando en los tres continentes conocidos llevando productos de un sitio a otro y, quizás más importante, convirtiéndose en factores de difusión cultural.

El Uso del Dinero

Todos estos avances no hubiesen sido posibles sin el desarrollo de tres instituciones vitales para los negocios: el uso del dinero, la aparición de la contabilidad y la creación de organizaciones mercantiles formales. De ellas vamos a hablar a continuación. Comencemos por el dinero.

Desde el principio, los pueblos mesopotámicos crearon o copiaron un sistema monetario: los comerciantes comenzaron a usar metales preciosos como medio de intercambio, primero en bruto, pero sometido a peso, y luego en primitivas formas acuñadas también sujetas a los mismos patrones. Los sacerdotes, reguladores de la economía, crearon un primitivo sistema "bancario" mediante el cual prestaban dinero a interés. Este sistema careció de la contrapartida de un sistema de depósitos, esencial en el actual sistema de la banca. Sin embargo como la economía mesopotámica estaba regulada, es dable pensar que una porción apreciable del dinero circulante, o el que llegaba al reino por las transacciones del exterior, era dirigido a los templos en donde los sacerdotes lo disponían de acuerdo a la política reinante.

La historia del dinero no deja de ser curiosa, vista bajo el prisma actual. Durante unos cuatro mil años, según apunta John K. Galbraith en su obra "Money", hubo el acuerdo de utilizar uno o más metales para los intercambios. Durante la mayor parte de esa época, la plata adquirió el papel predominante, aunque algunas veces se vio desplazada por el oro.

Este último, en algunas épocas, tuvo una importancia menor a la del cobre porque era un metal de mayor uso. Sin embargo, además de estos tres metales, también, en algunas ocasiones se utilizó el hierro como dinero. Y no fueron los metales los que tuvieron esa exclusividad: en algunas culturas y durante algunas épocas, también el tabaco, las pieles, las conchas y las cabezas de ganado sirvieron para el mismo propósito. Sin embargo, hacer las transacciones con pedazos de metal resultaba siempre engorroso, por eso se crearon las monedas acuñadas.

Según se conoce, las primeras formas acuñadas que pueden llamarse monedas, aparecieron en Lidia, una ciudad-estado griega, situada en el Mar Egeo, alrededor del año 700 antes de nuestra era. Al mismo tiempo, se conoce la aparición del dinero en China, por lo que hoy todavía se discute si el origen estuvo en Lidia o en el continente asiático. Doscientos años más tarde ya el uso de monedas era común en toda Grecia. De allí el uso se extendió a Roma, en donde las monedas se acuñaron con el propósito original de servir de intercambio y con el nuevo de conmemorar eventos importantes u homenajear a pro-hombres destacados.

La Introducción de la Contabilidad

Fue también Mesopotamia la cuna de los registros de las transacciones. No debe haber pasado mucho tiempo antes de que los sacerdotes, custodios de los resultados económicos, crearan un sistema que les permitiera conocer lo que entraba y salía, la razón de tales ingresos y salidas y el inventario de las existencias. Hay evidencia de registros que datan del año 2000 antes de nuestra era lo que hace suponer que nuestra escritura, que tiene su origen en la griega, y ésta, a su vez, en la del Medio Oriente, fue un resultado del sistema escrito que se ideó para el registro mercantil. Esta contabilidad era muy simple y hubo que esperar unos siglos más tarde a que los fenicios inventaran el sistema de doble entrada, es decir, el método mediante el cual toda transacción aparece como débito y como crédito.

Las Primeras Organizaciones Mercantiles

A diferencia de la simplicidad de los registros, las organizaciones mercantiles antiguas adquirieron una gran complejidad. Los comerciantes mesopotámicos, por ejemplo, se asociaron en agrupaciones complejas y llegaron hasta la incorporación de lo que ahora se conoce como compañías. Estos comerciantes se establecieron en muchas partes del mundo conocido a través de representantes y llegaron hasta el uso de un instrumento similar a la actual carta de crédito. Igualmente, enviaban sus emisarios de ventas a lugares más alejados y establecieron el sistema de pago por comisiones. En esta misma onda, los griegos se extendieron hacia el este y el oeste del Mediterráneo estableciéndose en lugares como Almina en la actual Turquía, Siracusa, en Sicilia, y varios puntos de la costa italiana. Su propósito, en principio diferente del de los romanos, no fue colonizar ni establecerse en forma permanente, sino crear centros de comercio con los pueblos adyacentes. La colonización en algunos de estos centros y la expansión de la cultura griega pre y post-helénica, vino después.

Los Griegos

Como ya se ha visto, la actividad económica fundamental de la antigüedad fue la agricultura. En el tiempo de las primeras ciudades-estados griegas y, posteriormente, tanto en el imperio ateniense como en la civilización helénica que la sucedió, la unidad básica de producción fue el hogar familiar y la fuerza laboral preponderante la esclava. Las ciudades, grandes o pequeñas, podían ser los centros de las actividades culturales, políticas e intelectuales pero nunca los centros económicos como ahora se los concibe. En estas ciudades existía una economía menor basada en la presencia de artesanos así como en la existencia de mercados para la venta de productos, mayormente agrícolas, pero poca actividad identificada como de manufactura o industrial. De hecho, la variedad y uso de bienes de consumo era bastante limitada a la vivienda, la nutrición y la ropa, y, en ese mercado, los compradores estaban restringidos a aquellos con mayor poder adquisitivo, que eran los menos. Fuera de ellos, los poderosos contaban con una pléyade de esclavos que los proveían, no solo de la alimentación producto de sus tierras, sino de los servicios requeridos para una vida placentera. Cuando los servicios no eran prestados por sus propios esclavos se supone que el pago por otros bienes y servicios se hacía mediante autorizaciones para el disfrute de las tierras.

En un sistema esclavista como el descrito, resulta sin sentido hablar de remuneración por lo que el elemento "costo", pilar fundamental en todo cálculo económico, nunca ha podido ser estimado. Lo que es destacable, al menos en las obras de Aristóteles, es que existía un valor del dinero puesto que se cobraban intereses sobre los préstamos. El mismo Aristóteles establecía que el interés era una indigna extorsión del menos afortunado por parte del más afortunado cuya única virtud era la mayor posesión de dinero. Esta condena a una práctica común partía del hecho de que los préstamos en la antigüedad se hacían para resolver problemas personales, casi nunca para invertir el dinero y lograr ganancias. Lo fundamental para nuestra explicación era que los que poseían capitales y aceptaban prestarlo – que eran los menos - tenían implícito el hecho, desarrollado posteriormente, de que el dinero tenía un valor en el tiempo.

La ausencia de salarios y la dificultad de cargar intereses hace imposible hablar de un sistema de precios ya que éstos se derivan de los costos de producción y esos costos no eran patentes en un sistema esclavista. A pesar de lo anterior, tanto en Mileto, como luego en Corinto y, al final en Atenas, creció el interés por el comercio de bienes agrícolas o de otra naturaleza. De allí el establecimiento de las colonias ya citadas en el Mediterráneo las cuales perseguían no sólo el beneficio material para los que se habían trasladado hasta allí por la actividad comercial, sino la posesión de nuevas tierras, lejos del congestionado mundo de las islas y tierra firme griegas.

Un caso interesante en la historia de los eventos económicos lo representa el sistema helénico adoptado por los reyes ptolomeicos que gobernaron Egipto luego de la captura de ese estado por Alejandro Magno en el siglo cuarto antes de nuestra era. Bajo Ptolomeo Sótero I, se estableció una fuerte burocracia que dominó en forma férrea al resto de la población. La idea fundamental era que el país le pertenecía al rey quien, teóricamente, debía hacer uso de éste buscando el beneficio común, de tal forma que la economía resultaba subordinada al estado y el estado era el rey. La forma más elaborada de este dominio se encontraba en la agricultura. Aprovechando la fertilidad de las tierras egipcias, tanto Sótero como su hijo Filadelfo, incrementaron las tierras cultivables y, con la ayuda de ingenieros griegos, introdujeron métodos científicos de irrigación. Este sistema ptolemaico fue descrito como socialismo de estado, con la excepción del control sobre aquellos arrendatarios que podían disponer de las tierras en arriendo. Se menciona este sistema porque sus resultados fueron espectaculares para su época, particularmente en la producción de trigo y cebada para exportar a través de centros de distribución en las islas de Rodas y Délos. Igualmente, el mismo celo estatal controló la producción y transformación del papiro, el cual solo se producía en Egipto y que servía no solamente para la elaboración de papel para escritura sino también para velas de navegación, alfombras, sogas, cestas y ropa. Adicionalmente, y como una necesidad para mantener un estricto control sobre la recaudación de impuestos, – que eran bastante elevados – se crearon bancos anexos a los templos.

Los Romanos

Los estudiosos de las ideas económicas están abrumadoramente de acuerdo en que la contribución de los romanos al desarrollo de las ideas económicas fue casi nula. La actividad agrícola fue exaltada aún más y quizás esto se debía a que la posesión y explotación de la tierra por esclavos era considerada una característica de nobleza; tanto así que para ejercer funciones en el Senado había que esgrimir la propiedad de extensas áreas de cultivo. Con el tiempo, muchas de las fortunas estuvieron asociadas con los botines de guerra de las tierras conquistadas por lo que generales y, más que nada, emperadores, eran personas de inmensas riquezas, tantas que les permitían pagar sus propios ejércitos y costear grandes obras monumentales tales como templos, mausoleos y panteones. En este sentido, y a pesar de la continua beligerancia romana, los tiempos de paz - en especial la creada en el último cuarto del siglo primero antes de nuestra era hasta comienzos del primero bajo el emperador Augusto - trajeron años de continua expansión económica y mejor calidad de vida a sus habitantes, Bajo Augusto, como en tiempos anteriores, se consideró que la mejor inversión era el campo porque generaba pingues ganancias. Las continuas conquistas habían permitido disponer de esclavos por lo que la mano de obra podía estar garantizada. Algunas propiedades eran verdaderos latifundios con una población esclava que podía llegar a cuatro mil personas para el cuidado de un cuarto de millón de ovejas y casi cuatro mil bueyes para el arado y el acarreo. En este período, a pesar de las magnitudes descritas, el mayor terrateniente era casi siempre el mismo emperador.

Toda esta actividad no fue suficiente para que Roma, ciudad que podía tener una población del orden de un millón de habitantes, fuese autosuficiente. Por esta razón, siempre dependió de la producción de alimentos, en especial granos, de Egipto y el norte de África, zonas muy fértiles en esos tiempos. En el balance comercial general entre Italia y el resto de las provincias romanas, Italia era un importador neto, no sólo de lo ya mencionado en cuanto a productos para la alimentación, sino de artículos de lujo tales como ámbar de la zona báltica, sedas de la China y especies de la India. Adicionalmente, mármol del norte de África para el embellecimiento de las ciudades y hasta animales salvajes para el entretenimiento de la plebe. A tal punto llegó la actividad comercial que hubo necesidad de ampliar el antiguo puerto de Ostia, que servía a Roma, y crear un nuevo puerto llamado Portus. El atractivo de Roma creó sobrepoblación y dificultó la vida de los más necesitados quienes tuvieron que alojarse en bloques de viviendas insalubres, a menudo sin agua y facilidades sanitarias, llamadas "ínsulas". Estas fueron testigos de grandes catástrofes con innumerables pérdidas de vida.

La conclusión que podemos extraer de la actividad económica romana es simple: A diferencia de civilizaciones anteriores en las cuales se favorecía el comercio, en Roma, al igual que había ocurrido en algunas regiones de Grecia, éste era motivo de desprecio. La posesión de la tierra, originalmente predio exclusivo de las nobles familias que integraban el Senado, fue luego característica de la soldadesca, pues uno de los mayores incentivos en las guerras de conquista fue la distribución posterior de las riquezas naturales de los pueblos conquistados entre los ejércitos y, particularmente, entre los generales. De manera que Roma vivió económicamente de lo que producían sus provincias o los pueblos que estaban bajo su dominio. Las grandes fortunas crearon una dramática brecha entre ricos y pobres pero sin las consecuencias de revueltas por parte de los menos favorecidos. Los mismos dirigentes, que habían amasado grandes fortunas en campaña, fueron luego pródigos en devolver parte de su fortuna mediante la donación de grandes monumentos que embellecieron las ciudades, al igual que en obras para el beneficio de las masas tales como los acueductos que aún se admiran en ciertas partes de Europa. Al no favorecer el comercio ni la industria, Roma condenó a la humanidad occidental a un estancamiento en materia económica, la cual sólo regresó a un progreso marcado a finales de la Edad Media. A pesar de lo anterior, una contribución importante en la actividad económica fue la emisión de la Ley Romana con su reconocimiento a la propiedad privada. Sobre esto, ya sabemos que el concepto de la propiedad privada es anterior a la historia ya que en las comunidades primitivas los hombres reclamaban la posesión de sus armas, sus herramientas y sus mujeres. Esta propiedad ha sido y es aceptada en todas las sociedades, incluyendo en ellas el desaparecido mundo comunista, ya que las posesiones, como lo hemos señalado, son un aspecto de la misma personalidad en la mayoría de las culturas. Sin embargo, fue la Ley Romana la que le dio a la propiedad su identidad formal y, a su poseedor, el dominium, o el derecho de disfrutarla; derechos globales pues incluían no solo el uso sino el abuso de lo poseído.

El Desarrollo Económico Chino de la Antigüedad

El mayor crecimiento económico en China del que se tiene conocimiento, antes del que está experimentando en la actualidad, ocurrió entre los siglos cuarto y tercero antes de nuestra era. Este período trajo consigo una serie de innovaciones técnicas que, sin duda, fueron factor primordial en el desarrollo económico. Bajo diferentes reinados que coexistían para la época, pudieron incorporarse nuevas áreas de cultivo en los llanos centrales y en la hoya creada por el río Cheng-tu. Esto fue coincidente con avances en el uso de abonos, en los diseños y utilización de arados, en los sistemas de drenaje, en los métodos de siega y recolección y en la creación de reservorios de agua para tiempos de sequía. El resultado fue un incremento sustancial de la población que ahora podía ser alimentada. Ya para el año dos de nuestra era, se estimaba la población china en 57 millones de habitantes, mucho más que toda la contenida en el Imperio Romano.

La aparición de lo que se llamó la "Época de los Estados Guerreros" trajo consigo una nueva oleada de innovaciones técnicas – particularmente en el campo bélico – y una explosión en las actividades comerciales y artesanales. Esto dio origen a una nueva clase de ricos comerciantes quienes no tardaron en combinar sus actividades con el establecimiento de empresas industriales tales como la explotación de minas de mineral de hierro y la creación de fundiciones metálicas. Estas grandes empresas, así formadas, empleaban un gran número de trabajadores, y de agentes comerciales, y controlaban todo un tráfico fluvial y terrestre. Estos pioneros fueron importantes en el enriquecimiento del estado chino antiguo y en el desarrollo del pensamiento político de esa nación.

Las ciudades más importantes - de hecho capitales de los distintos reinos - se convirtieron en grandes centros de comercio y manufactura.

A diferencia del fenómeno greco-romano en el que se veía con desprecio, o al menos con displicencia, las fortunas logradas a través de la actividad comercial, la cultura china, en general, favorecía el comercio. Muchas de las guerras fueron iniciadas con el objetivo de apoderarse de centros comerciales existentes con lo que al estar unido el deseo de comercializar con el concepto de la propiedad privada, se motivó el surgimiento y crecimiento de grandes ciudades y se estimuló el uso de la moneda como factor de intercambio. Esto ocurrió aproximadamente en la misma época de la aparición de la moneda ya mencionada en Lidia, año 700 antes de nuestra era. Fue natural que el comercio, que había comenzado por ser interior al territorio chino, se expandiera hacia el exterior y ya, en los siglos IV y III antes de nuestra era, podíamos encontrar sedas chinas en el norte de la India. Como dato curioso, vale apuntar que las primeras sedas recibidas en la India provenían del imperio Chin, por lo que los indios comenzaron a llamar "Cina" a todo el territorio, vocablo de donde deriva el actual China, para designar a esa gran nación.

La expansión del imperio Han, que sucedió al Chin, se debió a nuevos progresos tecnológicos y ampliación de las actividades mercantiles. En el siglo I antes de nuestra era, hubo un espectacular progreso en la metalurgia del hierro ya que los chinos fueron capaces, mediante la fusión conjunta de hierro y carbono, de crear aceros que reemplazaron al bronce como base de armas y herramientas. Esta industria fue monopolizada en principio por el estado, al igual que la de la producción de sal. Sólo en la parte metalúrgica, existían en China casi cincuenta fundiciones. A esto se agregaba la industria de la seda – parte estatal, parte privada – y la de las lacas.

Un elemento económico importante, que apareció durante esta fiebre económica, fue el surgimiento de poderosas familias provinciales a las que el estado trató, sin mayores resultados, de ponerles freno. Estas familias lograron combinar intereses agrícolas (arroz, cereales, ganado y piscicultura) con iniciativas industriales (fundiciones, telares, laqueados), además de intereses comerciales. Un resultado de su actuación fue el abuso de las masas trabajadoras lo que generó hostilidad hacia los hombres de negocio lo que tuvo un efecto duradero y profundo en el destino de la nación china. Una de las primeras medidas fue condenar y obligar a la reducción del estilo de vida dispendioso y de lujo de comerciantes e industriales. Se les prohibió, por un tiempo prolongado, el uso de ropajes de seda, cabalgar y portar armas. Ya sin rivales, el estado regresó a sus prácticas monopólicas en desmedro de la actividad del sector privado, ahora desprestigiado. No pasó mucho tiempo antes de que la ineficiencia estatal llevara a relajar el monopolio estatal y resurgieran los negocios privados. La expansión del imperio Han llevó a los representantes del estado, y del nuevo sector privado, a estar presentes en toda Asia y a llegar, en algunos casos, hasta el Mediterráneo. Las sedas a las que hicimos referencia al citar a los romanos, deben haber llegado allí como artículos importados del valle del río Indus ya que para evitar el sobreprecio de un acarreo terrestre a través de Irán y el Cercano Oriente, los importadores romanos favorecieron la vía marítima.

Al comenzar el Segundo Milenio, la tecnología china estaba a la par de la de Europa Occidental. Más adelante, en la segunda mitad del siglo XVIII, las dos regiones eran similares en cuanto a sus estructuras industriales, sus técnicas agrícolas, en el capital per cápita y en la presión de sus respectivas poblaciones por tierras disponibles. Como veremos, en la segunda mitad de este siglo XVIII, surge en algunos países de Europa, la Revolución Industrial. Ella es producto de un proceso de evolución que tiene como base fundamental el desarrollo que habían alcanzado las instituciones en esa región. El concepto de institución en este sentido, será objeto de especial atención en un capítulo venidero. Lo que podemos decir, por ahora, es que la Revolución Industrial no fue sólo un fenómeno tecnológico y que, además, las instituciones chinas no estaban preparadas – como sí lo estaban las europeas – para acoger el desarrollo de las nuevas formas de producción. De particular interés en China era la ausencia de capacidad productiva y pluralismo – a diferencia del centralismo que imperaba – que fue tan importante en la evolución de las ciencias, de la técnica y del resto de las instituciones europeas. Durante los siglos XIX y XX, la brecha se hizo más profunda y mayor el retraso chino el cual se exacerbó con la xenofobia de finales del XIX, y principios del XX, la cual reforzó el autoritarismo como patrón político y la resistencia a aceptar influencias externas. La toma del poder por los comunistas, en 1949, reforzó, como era de esperar, la centralización en las decisiones económicas y abrió un periodo de directrices contradictorias que sólo trajeron más atraso hasta que, bajo Den Xiao Ping, el país comenzó a abrir su economía para aceptar aquellas reglas del juego que le han permitido el desarrollo del cual disfruta en el presente.

El Islam – Grandeza y Declinación

El espléndido apogeo del Islam ocurrió entre los siglos VIII y XII de nuestra era y se dice que la declinación comenzó en el siglo trece. Sin embargo, su declinación comenzó, en verdad, en el siglo XVIII debido a que, al igual que muchas naciones del Tercer Mundo, perdieron el tren de la Revolución Industrial. Esta falla no eliminó su civilización; lo que ocurrió fue que Europa ganó un rápido progreso material y los dejó atrás.

Aplicar el término capitalismo en una época tan antigua como el siglo VIII, no es un anacronismo ya que, de un extremo a otro del mundo islámico, hubo una constante dedicación al comercio. Un escritor árabe, de nombre Hariri, relata que un comerciante le confesó una vez: "Quiero enviar azafrán persa a la China, en donde alcanza altos precios, y luego enviar porcelana china a Grecia, brocados griegos a la India, hierro indio a Aleppo, cristal de Aleppo al Yemen y material acanalado yemenita a Persia". Todo este comercio significaba la existencia de ciudades o pueblos involucrados en la actividad comercial y, de esa manera, se fueron formando gigantescos centros urbanos que sirvieron de sedes de casas matrices. Estas incluían a Bagdad, la cual desde el año 762 hasta que fue brutalmente destruida por los mongoles en 1258, fue una "ciudad luz", de hecho la capital más grande y rica del Viejo Mundo. Igualmente, surgieron Samarra, Basora, El Cairo, Damasco, Túnez y Córdoba.

Durante cuatro o cinco siglos, el Islam fue la civilización de mayor brillo en el Viejo Mundo. Para el año 750 había alcanzado su mayor expansión geográfica, solo detenida en Francia en la batalla de Poitiers. Con esto, se alcanzó estabilidad en las fronteras y un crecimiento económico importante dentro de ellas, crecimiento que incluyó el establecimiento de una economía de mercado y de una progresiva comercialización de la agricultura para disponer de los excedentes. Como ejemplo, el comercio de los dátiles movilizaba cada año más de 100.000 envíos por camellos. Igual cosa pasaba con el comercio de los melones, altamente apreciados, los cuales se envolvían en cuero y se preservaban con hielo. El cultivo de la caña de azúcar se convirtió en una industria, así como hubo gran desarrollo en la fabricación de harina, con molinos movidos por la fuerza hidráulica de los grandes ríos como el Tigris. Esta economía de empresas explica el desarrollo de numerosas industrias tales como las del hierro, maderas, textiles (lino, seda, algodón y lana) así como la extensión de campos de algodón en Oriente.

La declinación del Islam se explica, en una de las teorías prevalecientes, por la pérdida del Mediterráneo. Para finales del siglo XI, Europa comenzó la reconquista de su mar interior y el Islam comenzó a perder los beneficios que de él derivaba. Ya para el siglo XII tuvo que enfrentar dificultades adicionales: De Occidente el largo martirio de Las Cruzadas (1095-1270) del cual pudo salir semi-victorioso con la recaptura de Acre. Sin embargo, aunque conquistó la tierra, perdió el mar. Añadido a esto, de Asia surgieron los mongoles y varias de las colonias, tales como el Turkestán, Irán y el Asia Menor, nunca se pudieron recuperar totalmente. La captura de Bagdad por estas hordas fue un golpe del que el Islam, a pesar de haber retomado la ciudad, nunca pudo recuperarse. A todo esto se le agregó una situación económica difícil a escala mundial entre los siglos trece y quince, que se extendió tanto a la China como a la India y a Europa. Por ello, cuando tratamos de explicar la declinación del Islam, debemos diferenciar entre lo que fue externo y lo que fue responsabilidad de sus dirigentes.

Al retornar mejores tiempos en el siglo XVI, el Islam se pudo aprovechar de su situación intermedia entre Oriente y Occidente para beneficiarse económicamente. La grandeza de Turquía, por ejemplo, duró hasta el siglo XVIII, período en el cual los Turcos Otomanos vivieron grandes victorias que tuvieron su coronación con la caída de Constantinopla en 1453 convirtiéndose Turquía en uno de los grandes poderes del Mediterráneo. No obstante, las decisiones económicas en el Islam estuvieron, a la par que las políticas, con fuerte tendencia a la centralización - una característica cultural siempre presente - y la sensación de que su grandeza no había declinado. Al igual que lo ocurrido en China, la ausencia de pluralismo en la sociedad, y de instituciones adecuadas, crearon las condiciones para el atraso. Si a esto se le añade la unión de los conceptos y decisiones políticas con las religiosas, característica de su sistema de gobierno por muchos siglos, podemos concluir que el atraso del Islam, y la dominación en el siglo XIX y XX por potencias europeas, tiene mayor explicación en la propia conducta de sus pueblos y gobiernos los cuales vieron pasar el desarrollo occidental pero no tomaron las medidas para imitar, en lo posible, o para crear por otras vías, las acciones que hubiesen podido llevar a esta civilización, a un mejor futuro. Ante la tendencia actual de varios gobiernos islámicos, y extensos sectores de sus sociedades, de rechazar lo que ha sido la base del desarrollo de los países occidentales y de algunos países asiáticos tales como el Japón, no puede haber más que preocupación por el futuro económico y el bienestar de la población de esos países, tal como se interpretan en Occidente los conceptos económicos y el bienestar.

El Ínterin Medieval Europeo

Entre el fin del imperio romano del oeste, con su sede principal en Roma, y el período llamado de la Edad Media, la historia política nos refiere la aparición de los "bárbaros" como pueblos dominantes en la Europa Occidental. Es conocido que tales pueblos existieron desde mucho antes – incluso antes de la aparición de los romanos – y la expansión de Roma más allá de la península itálica fue a costa de derrotas inflingidas a éstos durante varios siglos. Estas derrotas permitieron que el Imperio Romano se expandiera hacia el norte y pudiese anexarse tales territorios. Algunos pueblos pasaron a ser vasallos o clientes del imperio, mientras que otros se mantuvieron en pie de rebeldía. Cualesquiera que hayan sido las causas que provocaron la caída definitiva del imperio y de lo que, por varios siglos fue parte de un todo homogéneo que se extendía desde la península ibérica hasta los límites con lo que ahora se conoce como Irán, éste pasó a manos de diversas tribus o pueblos cuyas formas políticas – y por lo tanto económicas y sociales – eran muy primitivas. No obstante, la mayoría de estos pueblos, luego del período de asalto y rapiña originales, se vieron en la necesidad de poner las tierras conquistadas a producir y favorecer algún sistema comercial parecido al alcanzado por los griegos, los helénicos y los romanos. Afortunadamente, la población conquistada guardaba en su patrimonio el conocimiento técnico de la producción agrícola del tiempo anterior así como la artesanal de los tiempos romanos. De tal manera que los visigodos en España, o los ostrogodos o francos en Francia, representaron, aunque con ciertos tropiezos, la continuidad necesaria para sacar adelante una economía fuertemente golpeada por el período de conquista.

La Influencia Cristiana

Un elemento de continuidad fue la religión cristiana a la cual se plegaron paulatinamente los conquistadores bárbaros. Fue este predominio religioso lo que marcó el escaso desarrollo de la economía en la Edad Media. De acuerdo al mensaje principal del cristianismo en materia social, todos los seres humanos eran iguales. Si esto era así, no podía verse con buenos ojos la riqueza personal pues ésta actuaba como ente diferenciador entre "hermanos", además de una fuente desigual de poder, prestigio y disfrute. Igualmente, el cristianismo, en su primera época, le daba un sentido de virtud superior a la pobreza. Este concepto original sufrió transformaciones posteriores puesto que estaba determinado por la visión apocalíptica de Jesucristo y de sus seguidores según los cuales, de nada valían las riquezas materiales pues el fin del mundo y la venida del Reino de la Justicia, estaban cerca. Al pasar los años, y no materializarse esta visión, las enseñanzas cristianas fueron siendo más flexibles en el trato hacia la riqueza.

La relación más específica entre cristiandad y economía se encuentra en las leyes que tocan el cobro de intereses sobre el dinero prestado, práctica que fue condenada en las primeras doctrinas puesto que, al igual que los griegos, se consideraba como una extorsión sobre los menos afortunados. Esto llevó a que las actividades de préstamo, previas a la creación de las grandes casas bancarias del Renacimiento, fuesen desarrolladas por judíos, con lo cual se alimentaba de vez en cuando el antisemitismo con terribles resultados ocasionales para la población israelita.

Muchas de las características de la vida económica de la antigüedad desaparecieron con la Edad Media. El mercado y el comercio representaron un aspecto menor de la vida cotidiana ya que había poca actividad de compra-venta de productos y menos de intercambio que se tradujeran en exportaciones e importaciones como se conocían en los tiempos helénicos o romanos. Muchas veces los productos agrícolas, o artesanales, eran entregados a cambio de protección o de tener derecho a la explotación de la tierra. Lo que se conocía como mercado ocurría sólo en los pueblos y en pequeñas ciudades para cubrir las necesidades locales o las de corta distancia. Las transacciones normalmente ocurrían de manera directa entre interesados u obedecían a las regulaciones impuestas por los gremios. Estos últimos existían para garantizar la calidad de la mano de obra, el cumplimiento de los requisitos sociales y la influencia en las decisiones políticas. Un elemento importante en las actividades económicas era la existencia de un nivel ético mediante el cual debía haber un principio de justicia en las relaciones entre el dueño y el siervo y entre el terrateniente y el que no poseía tierras.

Surgimiento de las Ciudades-Estados Italianas

Los grandes negocios volvieron a aparecer ocho siglos después de comenzada la Edad Media mediante el surgimiento de algunas ciudades italianas entre las que destacaron Amalfi – cerca de Nápoles –, Venecia, Florencia y Génova, en donde la actividad se centró en el comercio con sus complementos: la banca y las actividades cambiarias. Estas ciudades tenían características similares: un gobierno independiente favorecedor de la actividad privada; una población educada; una actividad manufacturera que venía desarrollándose desde hacía varios siglos, y cercanía al mar con lo que estaban dotadas – quizás con la excepción de Florencia – de una flota importante.

En estas ciudades convivieron dos tipos diferenciados de hombres de negocios: Por una parte, los pequeños capitalistas (tenderos, viajantes y artesanos), que atendían un mercado muy local o de cortas distancias, y los grandes capitalistas que manejaban sus negocios desde sus casas matrices pero cuyos tentáculos se comenzaron a extender por toda Europa y parte de Asia. Entre los pequeños capitalistas la forma más común de organización fue la de un negocio con un solo propietario. Los grandes crearon sociedades que podían diferir en su composición: un solo socio capitalista con uno o varios que ponían el trabajo; varios socios capitalistas con beneficios proporcionales de acuerdo a su participación, o aquella en la que todos los socios eran capitalistas y, además, ponían su trabajo. Cuando estas sociedades tenían que enfrentar requerimientos muy grandes de capital, se recurría, al igual que en el presente, a la emisión de acciones. Con esta última forma de sociedad se acometieron grandes proyectos de construcción de flotas, viajes de gran duración y riesgo y, al final de la Edad Media, la explotación minera.

Las Ferias

Durante la mayor parte del período medieval, y al menos hasta el final del siglo XIII, los pequeños capitalistas fueron los responsables de la mayor parte del comercio. Sin embargo, su actividad no tenía nada de envidiable porque tenían que viajar distancias enormes y someterse a grandes peligros para obtener un resultado pobre en cuanto al volumen de ventas y a los beneficios recaudados. Estos viajantes se encargaban de comprar y vender en cada sitio y, para ello, recorrían toda Europa asistiendo a las numerosas y variadas ferias que se habían creado en la mayor parte del continente. Entre ellas, las más famosas, y más visitadas, eran las que se celebraban en Champagne, al norte de Francia. Allí iban viajantes y negociantes del Levante, de Italia, de los países del norte de Europa y de los Países Bajos. Cada año estas ferias ocupaban 32 semanas del año y, por aproximadamente un siglo, fueron la sede para la venta de textiles, pieles, drogas, alimentos y otras mercaderías. Adicionalmente, servían para hacer préstamos, cobrar deudas y cambiar moneda. De una manera súbita, las ferias desaparecieron, ya que un sistema comercial centrado en ferias, y operado por pequeños capitalistas, no resultó, a la larga, ser el adecuado para servir a una economía en expansión e incrementalmente compleja.

La Liga Hanseática

En la medida en la que las ciudades europeas fueron creciendo, se convirtieron en centros de intercambio y, los comerciantes que en ellas vivían, comenzaron a incrementar su actividad. Tan temprano como en el siglo XII, los viajantes en algunas de las grandes ciudades del norte de Europa, comenzaron a asociarse en gremios locales (hanses), lo que luego dio origen, hacia el año 1300, a la Liga Hanseática. Esta liga estuvo compuesta de asociaciones de comerciantes independientes de más de 70 ciudades y pueblos alemanes con puntos regados en la geografía del norte europeo para cubrir desde Londres hasta Rusia. Con esta red, la liga fue la dueña del comercio en todo el Mar Báltico y el Mar del Norte. Un producto importante de comercio lo fue el bacalao.

Expansión de los Capitalistas Italianos

Mientras esto ocurría en el norte de Europa, los grandes comerciantes italianos estuvieron ávidos de expandirse a expensas de los pequeños. Al final del siglo XIII, el Conde de Flandes les ofreció la libertad de operar el estratégico puerto de Brujas, en el corazón de la zona flamenca del vestido y los telares. Aprovecharon esta oportunidad, se olvidaron de las ferias de Champagne y, con ello, acabaron con la importancia de los viajantes y de las ferias. Unos años después tenían un control total del comercio exterior europeo con excepción del que se hacía en el norte de Alemania y en el mar Báltico, los cuales permanecieron bajo el control de la Liga Hanseática, aunque ya para 1370, esta última había entrado en un período de deterioro y declinación.

Hubo muchas razones para el triunfo de los grandes capitalistas italianos sobre los pequeños y sobre la Liga Hanseática; sin embargo, la principal fue la de que los italianos eran hombres de negocio con una eficiencia superior, rápidos para adoptar métodos nuevos y con una mejor comprensión de la situación mercantil que sus rivales. En lugar de una federación abierta como la Liga Hanseática, usaban sociedades cerradas que eran relativamente permanentes; cubrían mucho más área y tenían un método de control más efectivo. El gran comerciante italiano Francesco Datini, por ejemplo, operaba en todas las ciudades italianas así como en España, Francia, Inglaterra, África y el Levante y se mantenía en estrecho contacto, mediante correspondencia, con sus agentes y comisionistas. A estos grandes capitalistas le debe la economía varios desarrollos, entre ellos, avances en la contabilidad, el uso del crédito y de las letras de cambio (hacia 1156) y el seguro marítimo (originado en Génova en el siglo catorce). En contabilidad reintrodujeron la doble entrada, y, un veneciano, Luca Paoli, fue el primero en escribir un tratado sobre la materia en 1494. De hecho, fueron los italianos los que enseñaron al resto del mundo a llevar contabilidad y crearon el ambiente para su posterior refinamiento.

Fueron también los italianos los líderes en las técnicas bancarias y en el uso del crédito. En realidad, el crédito era una figura común en los negocios de la antigüedad y estuvo presente en la economía de la Edad Media cuando, como hemos apuntado, los judíos se convirtieron en los grandes prestamistas por las restricciones de la Iglesia Católica en materia de préstamos a interés. Sin embargo, los cristianos rápidamente aprendieron a darle la vuelta a las reglas religiosas impuestas y pudieron suplantar en parte a los judíos. Los primeros que lograron esto fueron los Caballeros Templarios, quienes comenzaron a prestar dinero a los reyes a partir de 1182 hasta que fueron suprimidos en el año 1312. Sin embargo, al igual que los judíos, los templarios eran solo prestamistas, no banqueros. Fueron los italianos, desde la desaparición de los romanos, los primeros en operar una banca que aceptaba depósitos, es decir, en crear dinero tomando como base las reservas fraccionadas creadas por particulares.

El Poder de las Familias Banqueras

Mucho antes de la formación de los primeros bancos públicos en 1401 en Barcelona y en 1407 en Génova, las sociedades familiares de los grandes capitalistas ya conducían con éxito negocios de banca privada. Hacia 1250 cada ciudad italiana de importancia poseía alrededor de una docena de singulares firmas de comercio y banca; por ejemplo, Florencia tenía 80. En los siglos XIV y XV, el mundo fascinante de la banca había atraído a personas de diferentes países, pero los italianos se mantenían como los líderes. Familias como los Médicis y los Fuggers eran más poderosas económicamente que los estados en los que vivían y poseían más poder que los mismos reyes. En realidad, su influencia era tal que elegían reyes y coronaban papas y se convirtieron en una clase noble de gran prestigio. De la rama de los Médicis salieron condes, reinas y pontífices; los Fuggers fueron el apoyo financiero de los Hapsburgos, proporcionando el dinero para sobornar a electores de modo que Carlos V (Carlos I de España) pudiera llegar a ser Emperador del Sacro Imperio. El secreto de su poder era simple: tenían dinero y el dinero se necesitaba desesperadamente para financiar la intriga política, las guerras y la vida de lujos. La demanda por recursos financieros era tan grande que los banqueros eran capaces de cargar tasas de interés del 10 al 100 por ciento y, a menudo, mucho más.

Riesgos y Fracasos Bancarios

A pesar de su gran poder, los banqueros medievales tuvieron que llevar vidas difíciles. Contaban con el temor y con el odio de las clases populares y sus rivales conspiraban en su contra de un modo incesante. Sus riesgos financieros (evidenciados por las altas tasas de interés), especialmente en el negocio no productivo de prestar a la realeza, resultaron siempre mayores que las recompensas. Debido a que tenían que vivir peligrosamente, y nunca estaban muy lejos del desastre financiero, muchos de ellos, incluyendo algunos de los más exitosos, eventualmente fracasaron. En el pánico que se generó a principios del Siglo XIV, antes del surgimiento de los Médicis, la bancarrota azotó a los Peruzzi, los Macci, los Scali, los Frescobaldi y los Bardi, todas familias italianas de gran poder económico. Esta circunstancia afectó por igual a los banqueros franceses. Por ejemplo, Jacques Coeur cayó en 1455. Los Fuggers, considerada la casa europea de mayor poder, alcanzaron su eclipse en el Siglo XVII. En esos momentos daba mayor seguridad diversificarse en un complejo que incluyera banca, manufactura y comercio que poner todos los huevos en una única cesta bancaria. De esa forma, las firmas italianas que, como los Médicis, mantuvieron diversas empresas de manufactura junto con sus bancos, pudieron sobrevivir y prosperar mejor que los no diversificados. Sin embargo, a pesar de las fluctuaciones, los hombres de negocio italianos mantuvieron su poder mucho más allá del Siglo XVI, mucho después de que el poder político de las ciudades italianas había comenzado a declinar.

Esa declinación comenzó con el descubrimiento de nuevas rutas comerciales y de nuevos mundos, lo que causó un desplazamiento de los centros comerciales del Mediterráneo a la Costa Atlántica. Lentamente, los centros de actividad comercial se desplazaron hacia el norte, deteniéndose por breve tiempo en Augsburg, en Alemania, por su situación estratégica entre Venecia y el norte, antes de llegar a Amberes, el nuevo centro del distrito flamenco de los textiles. Esto ocurrió cerca del año 1500.

El Mercantilismo

Este período se sitúa en los trescientos años que van desde mediados del siglo XV hasta, aproximadamente, la mitad del siglo XVIII. Su final lo determinaron varios acontecimientos que marcaron el comienzo de la modernidad, entre ellos tres revoluciones: la francesa, la norteamericana y la industrial. El cronista de ese final lo fue Adam Smith con la publicación de su obra "La Riqueza de las Naciones" en el año 1776.

Como ya lo hemos visto, en la alta Edad Media se registró una expansión en el comercio entre los países y las regiones de Europa. Aparecieron mercados para la ropa, el vino, los cueros, el trigo y los cereales en general; y para una serie de productos manufacturados, en forma casi industrial, tales como la ropa y el calzado. Estos mercados experimentaron un desarrollo nunca visto con el establecimiento de salones y centros de exposición y venta en diferentes ciudades. Este movimiento dio origen al resurgimiento de la banca, que, como hemos visto, fue recreada en Italia y luego en el Norte de Europa. Igualmente, el cambio de moneda, basado en el pesaje, fue una figura comercial ubicua en muchas partes. A pesar de que la nobleza aún estaba asociada con la tenencia de la tierra, el comerciante se convirtió en una figura aceptable y prestigiosa. Este fenómeno fue notable en Venecia, Florencia y Brujas y, posteriormente, en Amberes, Ámsterdam, Londres y las ciudades de la Liga Hanseática, tales como Hamburgo. En estas ciudades estos comerciantes no sólo eran influyentes en el Gobierno sino que "eran el Gobierno".

Junto con la proliferación de los mercados, y el surgimiento de la clase mercantil, se presentaron otros acontecimientos que tuvieron impacto en las actitudes políticas y económicas de la época: El primero fue el descubrimiento de América y los viajes al Lejano Oriente entre 1492 y 1497 (primera visita a la India por Vasco da Gama). A estos viajes pioneros siguieron muchos otros por españoles y portugueses y luego por ingleses, franceses y holandeses. El resultado fue un influjo de nuevos y exóticos productos de Oriente y de plata y oro producto de la explotación del Nuevo Mundo. En verdad, más que el oro, lo que se importó de América fue plata, producto del duro trabajo al que fueron sometidos los indígenas en las minas de Suramérica y Méjico. Sirva de medida de cuantificación el que entre los años 1531 y 1570, los envíos de plata a España representaron entre el 85 y el 97% del tesoro en metales preciosos que ingresó en Europa. Estos envíos provocaron una aguda elevación de los precios en todos los bienes de consumo, ya que, por ley, el tesoro que recibía España debía ser convertido en moneda circulante. Lamentablemente, esta riqueza fue utilizada en España para el cuidado y expansión de su imperio y para la conquista de tierras europeas, lo que obligó a solicitar ingentes cantidades de dinero para sufragar los gastos bélicos. En estas circunstancias, la corona española tuvo que acudir a los banqueros, en particular los genoveses, dando origen a una expresión que decía que "la plata nacía en América, la criaban en España y la enterraban en Génova".

El gráfico 3.1 presenta el valor, en millones de pesos de la época, de la plata que ingresó a España entre los años de 1550 y 1800, proveniente tanto de la explotación suramericana de la hecha en suelo mejicano.

Gráfico 3.1

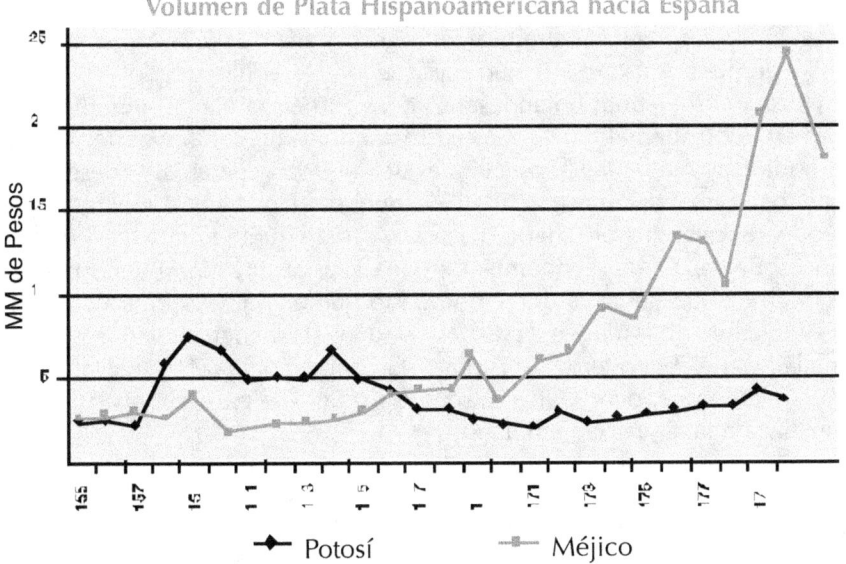

Como ya lo apuntamos, esta gran cantidad de dinero pasó al resto de Europa para sufragar las operaciones militares españolas y para toda clase de importaciones (especialmente productos manufacturados o de lujo) a la que se habituó el país. Aquí hubo una manifestación temprana de la Teoría de la Cantidad de Dinero que establece que, determinado el volumen de una economía, los precios variarán en relación directa con el suministro de dinero. Así, los precios en Andalucía se quintuplicaron en pocos años y los de Inglaterra, entre finales del siglo XV y finales del XVI, se elevaron en dos veces y media. Todo esto tuvo su impacto en el volumen del comercio y en la actividad mercantil. De manera que el dinero, que hasta el presente había sido un factor de comodidad para efectuar transacciones de compra-venta, comenzó a adquirir un valor intrínseco. De esta forma, el llamado mercantilismo significó un rompimiento con las actitudes y enseñanzas de la Grecia clásica y de la cristiandad, y la búsqueda y obtención de riquezas, de parte de los comerciantes, había perdido la connotación de maldad que tenía hasta esa época. Es innegable que las corrientes protestantes y luego puritanas de los siglos XVI y XVII deben haber ayudado a reafirmar estos valores.

La declinación de Italia, como lo apuntamos, comenzó con el descubrimiento de las nuevas rutas comerciales por parte de los españoles y portugueses y con el desplazamiento de los centros comerciales y financieros a la Costa Norte del Atlántico. Como se mencionó, por un tiempo estos centros se detuvieron en Ausburg, Alemania, para llegar definitivamente, en el año 1500, a Amberes. Un siglo después Amsterdam, que hasta el presente había sido eje de la civilización mercantil holandesa, se convirtió en la capital mundial del comercio occidental. En su recién creada Bolsa de Valores se llevaron a cabo la mayoría de las transacciones del mundo occidental y, desde sus puertos, zarpaban gran cantidad de buques para traer a Holanda los productos que, en corto tiempo, la convertirían, junto con el resto de los Países Bajos, en la economía europea más avanzada. Este dominio económico fue de corta duración puesto que en 1550 la dinastía Tudor de Inglaterra, basada en la experiencia de la banca italiana, con la iniciativa del banquero Sir Thomas Greham, comenzó a registrar tal crecimiento que, para 1650, ya se hacía sentir ese país como verdadera amenaza a la supremacía holandesa.

Un avance común, tanto holandés como inglés, fue el regresar a la compañía por acciones que habían intentado los antiguos. Esta reemplazaría a la compañía "regulada" en la que cada miembro hacía su propio comercio en una empresa centralmente dirigida, ya que su esencia, como el de las modernas corporaciones, era que cada dueño contribuía con una porción del capital total para formar un "pozo" común y compartir las ganancias o pérdidas en proporción a su participación financiera. Con esta estructura se crearon compañías famosas, entre ellas la English East India, incorporada en 1600, y la Dutch East India Company, incorporada en 1602. Esta última es la verdadera antecesora de las corporaciones modernas ya que su propósito no era único sino de comercio en general. A pesar de que originalmente fue autorizada para funcionar por sólo 21 años, su duración superó los dos siglos en base a continuas renovaciones. Es bueno detenerse en estas dos empresas puesto que, en la historia de los negocios, no han tenido similares. Ellas funcionaron como naciones independientes teniendo autorización para emitir leyes, acuñar monedas, crear y mantener ejércitos, declarar guerras y firmar tratados de paz. A pesar de que sus altas burocracias las hacían ineficientes a la luz del prisma actual, hicieron grandes fortunas: Entre 1683 y 1692, la compañía inglesa retribuyó a sus accionistas un 400% de ganancias y la holandesa registró beneficios sostenidos del 18% interanual en los dos siglos de su existencia.

Fin del Mercantilismo

Si bien las compañías mencionadas marcaron el punto más alto del mercantilismo y de sus beneficiarios, ya en el momento en el que fueron incorporadas, existían fuerzas económicas que, a la larga, marcarían su declive y desaparición. Los nuevos mercados que surgieron en los siglos XVI y XVII, productos de la mayor población, crearon un consumo de masas que hizo posible que la manufactura fuese desplazando a la artesanía. Las primeras señales de avances tecnológicos que hicieron posible la aparición de maquinarias movidas por vapor crearon un nuevo tipo de capitalista: el industrial, el cual fue suplantando al comerciante como fuerza dominante en el mundo de los negocios. Este fenómeno se presentó solamente en Europa, los Estados Unidos de América y, a partir de 1860, en el Japón. El resto del mundo siguió bajo el patrón combinado de la agricultura y el comercio.

CAPÍTULO III

La Revolución Industrial.

La economía está constituida por dos enormes áreas: producción y consumo. El consumo agota y destruye, la producción renueva y permite comenzar de nuevo. Sin embargo, entre estos dos mundos, aparentemente extremos, se desliza algo imprescindible como lo es el intercambio o comercio. Es el comercio lo que ha hecho que la economía de mercado, aunque imperfecta y discontinua, sea la que haya establecido su dominio.

En la historia de la humanidad todo ha pasado a través del mercado; no sólo los productos agrícolas e industriales sino la tierra, el dinero - el cual siempre ha viajado más rápido que cualquier otra mercancía - y la mano de obra. Las transacciones sobre lotes de terreno, casas, alquileres, han sido objeto de un mercado desde tiempo inmemorial. De todos estos mercados, el más importante ha sido el de la mano de obra. En algún momento del tiempo, después de la Edad Media, el trabajo del hombre pasó a ser una "commodity", es decir, un artículo general de consumo. Hay que aclarar que este mercado de la mano de obra no se inició con la era industrial como señalan algunos críticos de la economía moderna, sino que ya existía desde el mismo momento en que los hombres y mujeres comenzaron, por necesidad, a ofrecer, no su trabajo acompañado de su tierra o de sus instrumentos artesanales, sino su músculo por una paga. En el siglo XVI, en la Inglaterra de los Tudores, un censo mostró que dos terceras partes de la población recibían un sueldo por su trabajo.

Toda sociedad depende de sus circunstancias económicas, tecnológicas, biológicas y demográficas. Una subida o caída en la población, en la salud, en el crecimiento o decrecimiento económico o tecnológico, pueden afectar, en mayor o menor grado, tanto su estructura cultural como la social. Durante mucho tiempo el ser humano fue la única herramienta o forma de energía utilizable; de hecho, el único recurso para la construcción de civilizaciones; por ello, un incremento de la población siempre fue de gran ayuda para el crecimiento, como ocurrió en Europa en los siglos trece, dieciséis, dieciocho, diecinueve y veinte. Sin embargo, un crecimiento de la población mayor que el de la economía, hace que lo que fue una ventaja pueda convertirse en desventaja. Así ocurrió a finales del siglo XVI, y así está ocurriendo en el presente en la mayoría de los países subdesarrollados. En el pasado, los resultados de estos crecimientos poblacionales fueron grandes hambrunas, caídas en los ingresos reales, levantamientos populares y tristes períodos de desplome, lo que finalizaba normalmente con epidemias y hambre general las cuales acababan con el excedente poblacional. Luego de tales desastres biológicos, los que sobrevivían tenían mejores oportunidades y recomenzaba la expansión a un paso más acelerado, hasta que se presentaba el próximo desastre.

Solo la industrialización, a finales del siglo XVIII y comienzos del XIX, parece haber roto con ese círculo vicioso y permitir que la población sobrante pudiese tener una mejor vida. Como lo demuestra la historia europea, la necesidad de incrementar el valor del trabajo humano, es decir, de la productividad, y la necesidad de economizar en empleados, favoreció el desarrollo de las máquinas. La antigüedad clásica carecía de máquinas que igualaran la inteligencia humana puesto que nunca se intentó desarrollarlas ya que su falla estribaba en que esas sociedades basaban su economía en el trabajo de los esclavos. La China, la cual tuvo un gran florecimiento mucho antes del siglo XVIII, con gran capacidad de inteligencia y habilidad tecnológica, tenía un grave problema: demasiada población. La gente costaba muy poco y llevaban a cabo casi todas las tareas requeridas por una economía que virtualmente carecía de la potencia animal. Como resultado, China disfrutó por mucho tiempo de primacía mundial en materia científica pero nunca pudo cruzar la frontera entre la ciencia moderna y la tecnología. Este privilegio le quedó a Europa.

Adam Smith

Cualquiera que haya sido el origen de la Revolución Industrial, ella modeló en forma profunda el desarrollo de la economía y de ella emergieron las dos figuras más celebradas en la historia de estos temas: Adam Smith y, tres cuartos de siglo más tarde, Karl Marx. Adam Smith fue el profeta y el cronista de los logros de la revolución industrial y la fuente de sus reglas; Karl Marx, el crítico del poder que esta revolución le daba a los que poseían los medios de producción, y el gran preocupado por la pobreza y opresión que le sobrevino a los trabajadores. La publicación del libro de Smith "La Riqueza de las Naciones" fue hecha en 1776. Para esa época, ya eran evidentes en los campos ingleses y escoceses, algunas fábricas y minas de la era industrial; sin embargo, no alcanzó Smith a presenciar las grandes fábricas posteriores, ni los pueblos establecidos para la explotación industrial, ni los regimientos de trabajadores reuniéndose para ir o venir de su trabajo, ni los industriales que estaban emergiendo en el mundo social y político, porque, de hecho, la mayor parte del desarrollo apareció después de que había escrito su libro. Lo que capturó su atención no fue la gran maquinaria, sino la forma en la que se dividía el trabajo de forma de que cada trabajador se estaba convirtiendo en un experto de una parte minúscula de la tarea.

En los tiempos en los que le tocó vivir a Adam Smith, la mayoría de lo que se producía era para el consumo propio, bien del grupo familiar o de la comunidad en la que se residía. Sin embargo, algo distinto, que llamó su atención, comenzó a ocurrir en el medio de los países más desarrollados. Esto fue la división del trabajo. Con ello queremos decir la especialización de individuos, negocios, e inclusive naciones, en actividades que reflejan sus capacidades características, o sea, aquello que les permite distinguirse ante sus competidores.

A pesar de que Adam Smith no vio ni pudo prever la Revolución Industrial en toda su manifestación capitalista, sí observó con claridad las contradicciones, la obsolescencia, y, por encima de todo, el egoísmo imperante en el viejo orden. Si es que fue un profeta del nuevo orden, aun más fue un enemigo del viejo. Su mayor contribución estuvo en ayudar a la destrucción del viejo mundo y en indicar el camino de lo que estaba por venir.

Adam Smith nació en 1723 en el oscuro pueblo de Kirkcaldy, cerca de Edimburgo, en Escocia. Se educó en la Universidad de Glasgow y luego en Oxford. Fue profesor de lógica y de filosofía moral por varios años en la Universidad de Glasgow; renunció y se dedicó a viajar por el continente europeo como tutor de un joven duque. Estando en Francia, comenzó a escribir su obra maestra y la finalizó, diez años después, en Inglaterra. A pesar de su estructura desordenada, el libro tiene el gran valor de entretener en un tema tan árido como el que describe. Posee tres tópicos esenciales que aparecen identificados ya en el Capítulo I: El primero es una revisión de las grandes fuerzas que motivan la vida económica; el segundo tiene que ver con la forma como se determinan los precios de los productos en función de sus costos y el beneficio resultante distribuido en salarios, beneficio y renta; finalmente, el libro examina las políticas mediante las cuales los estados tratan de apoyar y de incentivar el progreso y la prosperidad de sus pueblos.

Según el autor, la motivación económica está regida por el egoísmo. Hay un pasaje muy claro en esto: "no es por la benevolencia del carnicero, o del cervecero, o del panadero, que nosotros podemos esperar tener una cena, sino por su propio interés". En este aspecto, como ya lo señalamos en un capítulo anterior, difiere de la percepción moderna sobre los factores motivacionales del ser humano en lo que se refiere a la economía. El establecimiento de los precios y quién se queda con los ingresos, fueron los segundos tópicos tratados. Al identificarlos, reflejó la actitud de su época. Ya había observado que las cosas de mayor valor para la subsistencia de los seres humanos, normalmente tenían los precios más bajos del mercado – por ejemplo, los productos agrícolas - y las cosas de menor utilidad, como por ejemplo, una joya, adquirían un valor extremo. Smith resolvió el problema olvidándose del factor uso e introduciendo el de intercambio. El enunciado fue que "el valor de cualquier posesión para su dueño es igual a la cantidad de trabajo que le permite adquirirla" De esta manera, se asoció el valor de las cosas al esfuerzo (trabajo o labor) para adquirirlas y se introdujo el concepto de costo, por lo que la cantidad de trabajo, y el costo resultante para sostener ese trabajo, determinan los precios de los bienes. El retorno sobre el capital pasa entonces a ser una negación del derecho del trabajador cuyo esfuerzo ha determinado los precios y, por ende, los ingresos. Esto último fue refinado y ampliado por otro economista inglés, David Ricardo, y fue la causa de la agitación e indignación revolucionaria de Karl Marx.

En materia de políticas económicas gubernamentales, aparece la gran recomendación de Smith: debe existir completa libertad en el comercio doméstico e internacional. Concluye que mientras mayor sea la libertad y el área de intercambio, mayor será la posibilidad de la especialización y de la división del trabajo y mayor la productividad de ese trabajo.

Su defensa del libre comercio resultaba un asalto directo al sistema mercantilista en el que el oro y la plata constituían la base de las riquezas de las naciones, y a la creencia de que las restricciones comerciales aumentaban el valor de los metales preciosos. Ante esto escribió: "que no eran los metales preciosos los que determinaban la riqueza sino que el trabajo de cada nación es el que originalmente provee de todas las necesidades y comodidades de la vida" y que "la riqueza aumenta por la habilidad, destreza y buen juicio con que el trabajo de una nación es aplicado, además de por la proporción entre el número de aquellos empleados en labores útiles y los que no".

Los Factores Propiciadores

La vida rural inglesa en 1715 no había cambiado mucho en los últimos mil años. Cada pueblo o aldea – en verdad, cada familia – era una unidad económica autocontenida, que producía su propio alimento, confeccionaba su propia ropa y cortaba su propia madera de los bosques, bien para construir o para su uso como combustible. Cada familia horneaba su propio pan, cazaba su carne y hacía su mantequilla, sus quesos y sus conservas. A la vez, fabricaba sus utensilios, implementos y herramientas. De esta forma, el padre, la madre y los hijos tenían trabajo no sólo en el verano sino en las largas noches de invierno. El hogar era un centro "industrial" y a la vez agrícola. El matrimonio era una unión de colaboradores; la familia un organismo económico a la vez que social y tenía una razón muy sólida para conservar su unidad, su multiplicación y su permanencia en el tiempo.

Los campesinos de la época podían recordar cuando el terrateniente les permitía, a ellos o a sus antepasados, que su ganado pudiese pastar en los campos comunes del señorío, y pescar libremente en los arroyos, así como cortar leña en los bosques. Sin embargo, por un proceso que había comenzado en el siglo XVI, la mayoría de los pastos comunes habían sido cercados por sus dueños, haciéndoles la vida muy difícil a los pobres del campo. A pesar de que no existía la servidumbre, empresarios terratenientes y comerciantes citadinos habían invertido en la tierra y estaban cultivando en escalas mayores, haciendo uso de más capital, mejores implementos, mayor técnica y mercados más amplios que los que podía tener un campesino o un granjero de menores recursos. Como resultado, los terratenientes más poderosos comenzaron a adquirir las tierras de los menos favorecidos por lo que la propiedad familiar, diseñada para el sustento o para los mercados locales, comenzó a dar paso a las grandes propiedades agrícolas capaces de obtener beneficios de los mejores métodos de labranza y de las nuevas maquinarias. Esto, con el tiempo, convirtió al granjero o pequeño propietario en un arrendatario o en un jornalero.

Es a este crecimiento en el tamaño de las propiedades agrícolas al que debemos el avance de la tecnología agrícola. La búsqueda de beneficios llevó a cultivar tierras que, hasta ese entonces, eran baldías; igualmente, disciplinó el trabajo para lograr mayor eficiencia; estimuló la invención de nuevas formas de trabajar la tierra y de nuevas herramientas; promovió experimentos en la cría de animales; agilizó el drenaje de los pantanos; detuvo la erosión de los suelos y derribó áreas boscosas. Entre 1696 y 1795 dos millones de acres (ochocientos mil hectáreas) se agregaron al cultivo en Inglaterra y en el País de Gales. La productividad creciente del suelo permitió a la tierra alimentar mayor cantidad de trabajadores en las ciudades y pueblos e hizo posible el crecimiento de la población urbana sin la cual no hubiese habido Revolución Industrial.

Ni los campesinos ni los trabajadores de los pueblos y ciudades se beneficiaron de la creciente riqueza ya que los campesinos propietarios fueron estrangulados por la competencia de mayor escala. Los jornaleros recibían una paga tan baja que solo el temor de perderla los conminaba a aceptarla. La concentración natural de la riqueza estuvo, en alguna medida, mitigada por los impuestos y la caridad organizada. Los ricos ingleses, a diferencia de los nobles franceses, pagaban una porción mayor de los impuestos que sostenían al gobierno. Las Leyes del Pobre, establecidas en 1536, requería de cada parroquia la ayuda a las personas en peligro de mengua. El desempleado era enviado a casas de trabajo mientras que el que no podía trabajar era acogido en casas de caridad. Los impuestos a los ricos pagaban por esto.

Puede concluirse que la nueva situación mediante la cual muchos pequeños propietarios perdieron sus tierras, sirvió de estímulo a la migración a las ciudades. Estas últimas pudieron recibirlos porque la mayor productividad agrícola permitía, a su vez, la existencia de una mayor cantidad de excedentes que pudieron cumplir con las necesidades de los centros poblados.

La Industria

El hogar auto suficiente del campo retardó, para bien o para mal, la especialización del trabajo y la Revolución Industrial. En realidad, no había razón aparente para que un capitalista financiara una fábrica si podía contar con cientos de familias tejiéndole en sus propias casas. De los precios a pagar se encargaba la disciplina automática de la competencia entre tejedores. En el distrito West Riding de Yorkshire, por ejemplo, esta industria doméstica producía, en 1740, cien mil piezas de género para el mercado, y 140,000 en 1750. Esta situación perduró bien entrado el siglo XIX, en donde nos encontramos con que, en 1856, sólo la mitad de la producción lanar de Yorkshire provenía de fábricas y el resto era producción doméstica. No obstante, si examinamos con cuidado estas producciones familiares, nos damos cuenta de que funcionaban como fábricas incipientes en las que el jefe de la familia invitaba u obligaba a sus sirvientes y vecinos a unirse en el trabajo, y habilitaba habitaciones adicionales para el propósito. En la medida en la que estas operaciones domésticas aumentaron en tamaño, y se expandía el mercado por la construcción de nuevas vías de comunicación y control británico de los mares, la industria doméstica creó una demanda por mejores herramientas. Los primeros inventos fueron implementos en lugar de máquinas – como la lanzadera de Kay – ya que ellos podían ser instalados en los hogares. Sólo cuando las máquinas requirieron de la fuerza mecánica, fue cuando el sistema de fábricas reemplazó a la labor en los hogares. Esta transición fue gradual pues tomó casi un siglo, de 1730 a 1830, y pareciera, algunas veces que el término "revolución" no resulta apropiado para un cambio tan pausado. El rompimiento con el pasado no fue tan abrupto como se ha sugerido ya que la labor industrial es tan antigua como la civilización y las invenciones ya habían progresado a un ritmo más acelerado a partir del siglo XIII. En la Florencia del Dante, las fábricas eran tan numerosas como los poetas y en la Holanda de Rembrandt, los capitalistas tan numerosos como los artistas. Sin embargo, si tomamos los pasos progresivos de las invenciones comenzando con la del vapor, para pasar a la electricidad, luego al petróleo, a la electrónica, a la energía atómica y, por último a la tecnología de la información, tenemos que concluir que la transformación industrial de los últimos doscientos cincuenta años, comparada con la tasa de cambio económico en Europa antes de Colón, constituye una revolución real, pues logró transformar, no sólo la agricultura, el transporte, las comunicaciones y la industria, sino también la política, las costumbres, la moralidad, la religión, la filosofía y el arte.

Muchos factores se han unido para propiciar el cambio industrial: las guerras de finales del siglo XVIII en las que tomó parte el Reino Unido, intensificaron la necesidad de acelerar la producción y la distribución. El crecimiento de la población, resultado de un incremento en el suministro de alimentos, creó un mercado más amplio tanto para la agricultura como para la industria y animó a la producción de mejores maquinarias y mayor y mejor red de carreteras. Por otro lado, los hugonotes, venidos del continente europeo, junto con otros inmigrantes, llevaron a Inglaterra sus ahorros y sus pericias, ambas necesarias para la mejor operación de las máquinas, abriendo el camino para la especialización, la división del trabajo y la productividad. La adopción de tarifas protectoras por parte del Parlamento inglés en 1721 (mediante el cual se prohibía la importación de telas de algodón estampadas llamadas "calicoes"), redujo la competencia foránea, dándole a la industria textil inglesa control total del mercado doméstico. En el plano religioso, la tradición puritana de las clases media y baja, reforzada luego por el movimiento metodista, estimuló el ahorro, la creación de empresas y la dedicación al trabajo. De tal manera que se favorecía la acumulación del capital; se veía con buenos ojos a la riqueza y la burguesía parecía disfrutar de la gracia especial que Dios le concedía.

Mientras tanto, el desarrollo de la minería ofrecía un suministro creciente de carbón como combustible industrial en reemplazo de la leña que, hasta ese entonces, había sido el combustible más usado en hogares y talleres. Sin embargo, ya se estaban acabando los bosques por las talas indiscriminadas; en Inglaterra, por ejemplo, de un total de 69 grandes zonas boscosas que existían en la Edad Media, 65 habían desaparecido para finales del siglo XVIII. No obstante, la minería del carbón era aún un proceso primitivo en el que las minas eran poco profundas y mal ventiladas, con frecuentes muertes de los mineros por la presencia de metano y de ácido carbónico, además del perenne problema de achicar el agua. A pesar de estas dificultades, la producción de carbón creció, tanto que, para 1750, los humos del carbón que se quemaba en los hogares y fábricas, ya habían ennegrecido el cielo londinense.

La importancia del carbón en la Revolución Industrial radica especialmente en su uso para la conversión del mineral de hierro en el metal relativamente puro o en acero. En 1612, Simon Stuytevant recomendó el uso del carbón mineral, en reemplazo del carbón de leña, como combustible en la fusión del hierro. Luego de varios ensayos y fracasos, en 1709, Abraham Darby, en Coalbrookdale, un pueblo rico en carbón mineral, pudo fundir y refinar exitosa y económicamente el mineral de hierro. Para ello, usó carbón "cocinado" – cooked en inglés – conocido como coke o coque en español. Su hijo, de igual nombre, desarrolló el uso del coque y mejoró el alto horno al incorporar fuelles activados por una noria. Al poco tiempo fue capaz de aventajar a otros fabricantes de hierro en el país. En 1728, se instaló el primer tren de laminación y, en 1740, Benjamín Huntsman inventó el proceso de purificación de metales a altas temperaturas en crisoles de arcilla. Fue este matrimonio del carbón mineral con el hierro el que hizo posible las máquinas de la Revolución Industrial.

Los Inventos

La invención en el plano industrial estuvo frenada por el estado de las carreteras inglesas. Sin embargo, había un espectacular progreso en el transporte marítimo. Las colonias inglesas en Norteamérica, fundamentalmente agrícolas, eran consumidores ávidos de productos manufacturados, lo que era un estímulo creciente para la invención. La expectativa de beneficios también ayudó, al igual que la competencia en el comercio de exportación, ya que los fabricantes ingleses tenían que mejorar su productividad para competir con los productos de la India basados en una economía de bajos salarios. De tal manera que el gran avance en la invención se presentó en la industria textil, por lo que algunos estudiosos establecen que la invención ya mencionada de John Kay de la lanzadera volante (flying shuttle), en 1733, marca el comienzo de la Revolución Industrial. Este primer invento importante tuvo que enfrentar la oposición de los tejedores tradicionales quienes acusaron a Kay de querer acabar con sus fuentes de trabajo. En varias poblaciones se crearon tumultos que amenazaron su vida. Tuvo que emigrar a Francia en donde su invento fue mejor recibido; el gobierno lo adoptó en sus fábricas y le otorgó una pensión. En Inglaterra hubo que esperar hasta 1760 para que la oposición fuese vencida.

Debido a que los avances en la industria siderúrgica daban la posibilidad de la producción a gran escala, el problema que había que solucionar era el de lograr una fuente de potencia que sustituyera en forma económica el músculo humano y la paciencia femenina. Lo primero que se tenía a mano era el agua. La rueda, movida por corrientes, había movido incluso hasta las máquinas que transformaban el mineral de hierro y hacían posible algunos procedimientos para su transformación en utensilios y herramientas. Su importancia continuó durante todo el siglo XVIII, parte del XIX y, aún se conserva en algunos sitios del mundo. Había que esperar al siglo XIX para el desarrollo del vapor como fuente energética.

El Capital y la Labor

En la medida en que las máquinas aumentaron en tamaño y costo, y requerían del poder mecánico – no humano – para su operación, comenzó de lleno la sustitución de la producción hogareña por la hecha en fábricas. Estas últimas agrupaban personas y maquinaria en edificios preferiblemente situados cerca de corrientes de agua que podían proveer energía y medios de transporte. Para adquirir y alojar la maquinaria, para asegurar el suministro de materias primas, para emplear al personal y a la gerencia y para transportar y mercadear los productos, se requería capital. La figura del capitalista no era nueva pero, a medida que aumentó la demanda por más capital, los hombres que estaban dispuestos a arriesgarse y lograban el éxito, se hicieron cada vez más importantes en cuanto a su poder económico y político. Los gremios, que teóricamente aún gobernaban la mayor parte de la industria europea, resistieron por un tiempo la reorganización impuesta en la producción y distribución por el nuevo sistema, pero su base era la artesanía y no las máquinas por lo que podían satisfacer necesidades locales, no nacionales y menos aún los requisitos de exportación. Por ello, no podían cumplir con las demandas de los ejércitos, las ciudades y las colonias. En este sentido, el capitalista estaba mejor capacitado para organizar la producción en términos de cantidad y la distribución a distancia, ayudado por un Parlamento interesado en aumentar la capacidad industrial para suministrar las necesidades de un comercio de mayor alcance y las de las guerras.

La expansión del capitalismo y el crecimiento de las fábricas cambiaron la relación del trabajador con su labor puesto que ya no era dueño de las herramientas de su oficio ni podía fijar el horario ni las condiciones. Igualmente, había disminuido su acción sobre lo que podía devengar o sobre la calidad de sus productos. Ya su taller no estaba a la entrada de su casa ni su "industria" era parte de su vida familiar. Su trabajo no fue ya más la orgullosa elaboración por etapas de un artículo. En su lugar, se convirtió, debido a la división del trabajo que tanto impresionó a Adam Smith, en la repetición tediosa e impersonal de una parte de un proceso cuyo producto final no tenía nada que ver con él. Pasó de ser un artesano para convertirse en un obrero cuyas entradas estaban determinadas por el hambre de las personas que competían por el mismo puesto de trabajo; competencia no sólo entre hombres, sino con las mujeres y los niños. La explotación era masiva. Los turnos de trabajo de once a trece horas constituían lo normal, seis días a la semana, con una hora y media para las comidas, con multas de hasta un cuarto de la paga diaria si se tomaban más tiempo. Si había necesidad de mayor número de trabajadores, siempre se echaba a mano de un "pool" de desempleados que sobraban en todos los pueblos. Si la demanda decrecía, simplemente se despedían los trabajadores sin que existiese el derecho a la paga adicional.

El Transporte y el Comercio

El desarrollo de la economía de finales del siglo XVIII y principios del siglo XIX, dependió de las mejoras en las comunicaciones. Inglaterra tenía una gran ventaja debido a su extensa costa y a su red fluvial, por lo que la mitad de su población vivía a una distancia razonable del mar. Por otro lado, sus ríos le proporcionaban excelentes vías acuáticas. Sin embargo, como se dijo anteriormente, el punto álgido estaba en la pésima condición de sus carreteras debido a un suelo demasiado blando y a los profundos surcos que se abrían en invierno y que se convertían en arroyos y lodazales en verano. Fue la rebelión escocesa de 1745, y la necesidad de reprimirla, la que motivó la construcción de vías terrestres "propias para el paso de tropas, caballos y carruajes en cualquier momento del año". Sin embargo, debido a la presencia de asaltantes, el costo por vía terrestre siguió siendo elevado. Debido a esto, el comercio doméstico permaneció primitivo y pintoresco en el que el vendedor al mayor iba de pueblo en pueblo con su recua de mulas o caballos llevando sus productos. En cada pueblo, una red de buhoneros vendían de casa en casa. Las tiendas de cada pueblo vendían de todo, desde ropa y medicinas hasta aperos de labranza. Cada pueblo tenía un día de mercado; sin embargo, los grandes centros del comercio doméstico eran las grandes ferias de Londres, Lynn, Boston, Gainsborough, Beverley y, en especial, Stoutbridge.

El comercio internacional se expandió bajo la égida de Gran Bretaña. Durante la primera mitad del siglo XIX las exportaciones doblaron en cantidad y en valor. En el puerto de Liverpool hubo necesidad de duplicar su capacidad cada veinte años. La East India Company hizo tales ganancias, al comprar barato en la India y vender caro en Europa, que "atrajo" a quince duques, veinte condes, ochenta y dos caballeros y otros miembros de la nobleza entre sus accionistas porque, a diferencia de Francia, la aristocracia inglesa no rechazó involucrarse en el comercio sino que, por el contrario, lo financió y participó de sus rendimientos.

El Dinero en la Revolución Industrial

Todos los servicios financieros eran ahora provistos por los banqueros europeos los cuales recibían depósitos, arreglaban pagos entre depositantes y emitían billetes que podían convertirse en oro o plata. Como no todo el mundo exigía la conversión al mismo tiempo, los bancos podían emitir valores hasta por cinco o diez veces sus reservas. De tal forma, que se multiplicó la circulación del dinero y este excedente se usó como capital adicional para el mundo de los negocios. De esta manera, los bancos participaron activamente en la expansión de la economía europea de la época. El comercio se facilitó mediante la emisión de las cartas de crédito las cuales permitieron que el capital viajara mediante la simple transferencia de un papel bancario, aún a través de fronteras hostiles.

Fue ese el momento de la formación de compañías anónimas en Inglaterra, Francia, Holanda e Italia. Surgió la figura del "promotor" el cual organizaba la incorporación de empresas o proyectos, emitía acciones y prometía dividendos. Como podían transferirse las acciones, se incrementó la actividad de la Bolsa de Valores de Londres que había sido creada a finales del siglo XVII. Con tanta actividad, surgieron también los manipuladores de acciones hacia la alza o a la baja artificiales. No siempre las empresas creadas por emisión de acciones públicas fueron exitosas; algunas aprovecharon el deseo de multiplicación del dinero en forma fácil y llevaron a sus inversionistas a la ruina. Entre estas promesas especulativas seguidas de fracasos estrepitosos vale la pena mencionar el caso de la "Burbuja de los Mares del Sur" en Inglaterra, "empresa" creada con el objetivo de transferir una porción apreciable de la deuda nacional, así como la famosa especulación del "Mississippi" de John Law en Francia.

CAPÍTULO IV

El Siglo XX. Su Desarrollo Económico, Científico y Tecnológico.

Para el habitante promedio de los países desarrollados del mundo durante el siglo diecinueve, el incremento en la producción industrial que estaban experimentando, y el acelerado paso de la tecnología, eran signos claros de progreso y de confirmación de que se encontraban en el tope de su civilización. Es posible que este sentimiento, aunado a la necesidad de competir para garantizarse una mejor posición económica y política, haya sido el responsable principal de la posesión a la fuerza de colonias en África y Asia por parte de varios países europeos. El siglo XX continuó estas tendencias de desarrollo y estuvo marcado, tanto por el mayor crecimiento poblacional, como por el mayor incremento en la producción de bienes en todas las áreas económicas: industrial, energética, de materias primas y de alimentos. Al igual que lo ocurrido con la población, este incremento productivo no fue uniforme a lo largo del siglo ya que el avance económico después de 1950 fue el doble de rápido que el que había ocurrido en los primeros cincuenta años. Para la década de los noventa, el crecimiento económico mundial anual era tal que cada dos años se agregaba, al total, el equivalente a la producción registrada en el año 1900, y, en los veinte años a partir de 1953, la producción económica mundial fue equivalente al total registrado en los 150 años anteriores.

Sin embargo, la producción industrial no alcanzó una uniforme distribución en el mundo. En las primeras décadas del siglo más del 90% de esa producción provino de los países del noroeste de Europa y de los Estados Unidos. Esta proporción fue reducida, después de 1930, por la industrialización de la Unión Soviética y por la aparición en escena de Japón y Europa Oriental. Posteriormente hubo una nueva modificación con la aparición de los así llamados "países de reciente industrialización" o "tigres" en Asia. La caída del muro de Berlín, y el caos económico resultante en la antigua Unión Soviética, ha disminuido la importancia de Rusia a finales del siglo XX y, en el mismo período y hasta el presente, han surgido economías de gran empuje tales como la de China y la de Corea del Sur. En el presente, además de Estados

Unidos, Japón, y los países nombrados, hay que seguir destacando el poder económico de Gran Bretaña, Alemania y Francia, sin olvidar países como Suecia, Bélgica, los Países Bajos e Italia. Fuera de Europa: Taiwán, Tailandia, Singapur y Malasia, destacan por su actividad manufacturera aunque normalmente con capital foráneo, y, en Latinoamérica, Brasil y Méjico conservan su liderazgo, luego de que este último se integró junto con los Estados Unidos y Canadá, al NAFTA (Acuerdo de Libre Comercio para el Norte de América).

Los Avances Tecnológicos

Ha sido el crecimiento en la productividad, junto con el avance tecnológico, los que han permitido estos drásticos crecimientos. Ellos han sido los responsables de que hayan surgido industrias completamente nuevas y de que cada trabajador sea capaz de producir una mayor cantidad de unidades económicas. Por ejemplo, en 1990 un trabajador norteamericano era capaz de producir seis veces más que su contraparte del año 1900. En los países de avanzada, este proceso, combinado con fuertes incrementos en la productividad agrícola, ha traído como consecuencia que una mayor cantidad de personas puedan tener empleo en otros sectores de la economía tales como las finanzas, la publicidad, el turismo, la educación y el cuidado de la salud. El resultado, en esos países, ha sido el crecimiento importante del sector Servicios en detrimento proporcional de los sectores agrícolas e industriales a pesar de los avances experimentados en estos dos últimos. Para 1990, la agricultura representó un 3% del total mundial producido, la industria un 35% y los servicios un 60%. Esta tendencia ha continuado hasta nuestros días.

Los cambios tecnológicos, a través del desarrollo de nuevos productos, métodos de producción y creación de nuevos mercados, han sido vitales en el crecimiento económico que se ha registrado en el pasado siglo XX. Mucha de la innovación ha sido incremental, tales como las continuas mejoras de productos entre los cuales destacan los automóviles.

Estos cambios tecnológicos no ocurren en el vacío sino que requieren de contextos sociales y económicos favorables, lo que hemos enunciado como "instituciones", las cuales serán objeto de una explicación detallada en capítulos posteriores. Normalmente, los cambios se generan en los países desarrollados en forma independiente, o dentro de las grandes corporaciones, para, posteriormente, y cada vez en tiempos menores, pasar a empresas más pequeñas y a países menos desarrollados que actúan, en general, como meros receptores y usuarios.

Las nuevas tecnologías, al ser adoptadas, crean nuevos mercados y conducen, a la larga, a la saturación y a un crecimiento cada vez más lento del mercado que han creado, hasta que surge una nueva ola. A principios del siglo XIX la primera ola estuvo constituida por la máquina de vapor, la producción en masa de textiles y la propagación del uso del hierro colado. Para mitad del siglo, esta ola había perdido fuerza y fue reemplazada por la del ferrocarril y del acero la cual, a su vez, perdió fuerza a finales del siglo. La nueva emergente fue la basada en el uso de la electricidad, factor primordial en las economías en toda la primera mitad del siglo XX. Conjuntamente, nuevas tecnologías permitieron la creación y desarrollo de la industria del automóvil y de nuevos procesos en la industria química.

Surgimiento de la Electricidad

El uso amplio de la electricidad comenzó en el último cuarto del siglo XIX. Su aplicación original fue proveer de alumbrado a las zonas urbanas y no su uso como energía. Por ello, este uso primario fue limitado hasta que se desarrollaron nuevas tecnologías tales como el filamento de tungsteno y generadores más confiables, así como redes de distribución locales, regionales y nacionales. La electricidad se convirtió entonces en la base para los avances que siguieron: las fábricas ahora eran movidas por electricidad y no por vapor; apareció la industria del aluminio junto con otras que se enfocaron en la producción de bienes para el hogar. El primer país en difundir y llevar electricidad a los hogares, aún a los rurales, fue los Estados Unidos. En Europa, las zonas rurales comenzaron a ser electrificadas, en forma masiva, sólo a partir de los años cincuenta. Igual cosa ocurrió con los enseres domésticos: ya en 1920, la presencia de refrigeradoras y lavadoras en los hogares norteamericanos era masiva en los años veinte; Europa y Japón tuvieron que esperar hasta los años cincuenta para ver realizados estos sueños. Si examinamos la situación del mundo a finales del siglo XX en cuanto a la disponibilidad de electricidad, nos damos cuenta que el 99% de los hogares en el mundo desarrollado tenían electricidad. En los otros países la cifra es de alrededor de 80%, destacando Venezuela con una proporción superior.

En los países atrasados el uso es bajo: En 1990, en Costa de Marfil, por ejemplo, la proporción no superaba el 1%.

La Industria del Automóvil

La producción industrial clave en la mayor parte del siglo fue la de automóviles, la cual incluye no sólo la manufactura de autos, autobuses y camiones sino las industrias asociadas tales como las de fabricación de partes, mantenimiento de vehículos, construcción de vías carreteras y suministro de combustibles. En los años ochenta y noventa del siglo XIX, el desarrollo del motor de combustión interna, y de los neumáticos, hizo posible la evolución de los primeros automóviles. Un año antes de finalizar ese siglo, se vendieron en los Estados Unidos cerca de 2.500 vehículos. Diez años más tarde, la cifra había alcanzado los 120.000 y 30 millones en 1938. Para este último año, la producción automotriz era responsable por la mitad de toda la producción de acero, cuatro quintas partes de la de caucho, dos tercios de la de láminas de vidrio y un tercio de la producción total de níquel y plomo. El crecimiento ha sido tan masivo que, a finales del siglo XX, en el mundo existían cerca de 600 millones de vehículos.

La Industria Química

El impacto de la industria química, con una amplia gama de nuevos materiales, ha sido solo un poco menor que el de los automóviles. La primera fibra sintética, el rayón, fue producida antes de la Primera Guerra Mundial; sin embargo, su verdadero auge se presentó en los años veinte cuando se pudo producir bajo un esquema de costos que permitió su venta a una cuarta parte del precio de la seda natural. Al rayón la siguió el nylon (inventada en 1938). Para finales de siglo cerca de la mitad de las fibras textiles eran artificiales. En otras áreas, se desarrollaron nuevos métodos para la fijación del nitrógeno atmosférico lo cual condujo a la creación de un amplio rango de fertilizantes artificiales que transformaron drásticamente la producción de alimentos. En la refinación del petróleo, nuevos métodos llevaron a la producción de una gran variedad de plásticos, con lo que, en la segunda mitad del siglo, la producción mundial de estos materiales se duplicó cada doce años, excediendo, ya en 1970, la producción conjunta de aluminio, cobre, plomo y cinc. El aluminio también surgió como una nueva industria en el siglo, con una producción de más de 25 millones de toneladas a finales de éste.

La Electrónica

A finales de los años sesenta había señales de que el impacto de las industrias del automóvil y químicas en la economía mundial estaban dando paso a una nueva ola de cambios tecnológicos basados en la electrónica y las comunicaciones; ola que aún sigue ganando ímpetu logrando transformaciones tanto en los métodos de producción como en las comunicaciones y, particularmente, en la cultura mundial y en el estilo de vida de los habitantes del planeta. En este campo, algunos de los desarrollos más importantes habían ocurrido entre los años 1935 y 1950 con la invención del radar, el grabador de cinta, la televisión y el transistor, el cual reemplazó a las válvulas e inició el proceso de miniaturización. Este hizo posible la aparición de múltiples dispositivos que, a su vez, abrieron camino a mayores desarrollos en el campo. La miniaturización condujo al "chip" y al "microchip", bases de los desarrollos de artículos de gran uso tales como las computadoras personales y los teléfonos celulares. La aplicación de las computadoras industriales a otras áreas de la producción transformó los métodos de fabricación y permitió la introducción de robots industriales en varias industrias, entre ellas la del automóvil. Además de reducir la cantidad de trabajo requerido, permitió fabricar múltiples modelos de autos en una sola línea de producción. Solamente en Japón, a finales del siglo, operaban más de 350.000 robots.

La Energía

El crecimiento sin precedentes en la producción industrial del siglo XX en todo el mundo, el aún más rápido del consumo eléctrico, y el desarrollo de nuevas industrias, han dependido de un incremento masivo en el consumo energético. La transición hacia economías dependientes de combustibles fósiles comenzó en Europa en el siglo XVI, aunque no fue sino hasta el comienzo de la industrialización mayor en el XIX que ese consumo creció en forma rápida. En el siglo XX el consumo energético mundial se incrementó algo más de trescientas veces y estuvo basado, fundamentalmente, en petróleo el cual creció de aproximadamente 10 millones de toneladas por año en 1890 a más de 3.000 millones anuales al finalizar el siglo (unos 80 millones de barriles por día). A pesar de este gigantesco incremento, los países desarrollados se han hecho cada vez y, aunque no lo parezca, más eficientes en su consumo a lo largo del siglo ya que, para 1980, por ejemplo, la energía requerida para producir una unidad del producto interno bruto de esos países, había sido la mitad de la energía necesaria noventa años atrás. Esta eficiencia se ha visto incrementada aún más a comienzos del siglo XXI pero es justo añadir que, siendo el petróleo el principal ingrediente de la oferta, los períodos de precios bajos como los registrados hasta el año 2000, han favorecido el uso de automóviles de gran consumo. Esto combinado con una mayor demanda de países tales como la China, ha puesto en peligro el balance energético mundial puesto que la demanda en los años 2000 al 2005 ha crecido con más rapidez que el descubrimiento de nuevas reservas y la disponibilidad de capacidad de producción. Esta ha sido la razón de la súbita y prolongada elevación de los precios. Lo que se ha mantenido e incrementado, ha sido la desigualdad en el uso energético entre países desarrollados y los que no lo son e, incluso entre los mismos países desarrollados. Por ejemplo, los Estados Unidos, con solo un 5% de la población mundial, es responsable del consumo de un tercio del total energético mundial, y el norteamericano promedio consume treinta veces más energía que un habitante de la India.

La producción energética mundial pasó por varias fases a lo largo de los últimos cien años: La primera fase, que duró hasta 1920, fue caracterizada por el dominio del carbón mineral. Éste proveía tres cuartas partes del consumo mundial y era crucial para las industrias del hierro y del acero, así como para la calefacción doméstica y, a través de su gas, para el alumbrado. Su producción estaba en manos de Europa (mayormente Gran Bretaña) y los Estados Unidos, y era una de las industrias de mayor capacidad de empleo.

La segunda fase se presentó entre 1920 y 1950 y estuvo marcada por tres acontecimientos: primero, la declinación relativa del carbón, debido parcialmente al uso de la electricidad en las fábricas. Esto trajo como consecuencia una sobrecapacidad y el cierre de una tercera parte de las minas de carbón en Gran Bretaña y Norteamérica. La posición declinante de Gran Bretaña fue asumida por Polonia y Alemania los cuales tomaron la iniciativa del comercio intra-europeo. El segundo acontecimiento ocurrió en los Estados Unidos en donde el petróleo sustituyó al carbón como fuente primordial. Este petróleo, en principio, vino de fuentes baratas de la misma nación con los descubrimientos de nuevos campos en Oklahoma y, más que nada, en Texas. El tercer acontecimiento fue el dominio de la producción mundial petrolera por los mismos Estados Unidos con desarrollos fuera de sus fronteras, entre ellos, los de Méjico y Venezuela, en particular entre 1922 y 1928 con los grandes descubrimientos en el Lago de Maracaibo y en el Estado Monagas.

La tercera fase ocurrió entre 1950 y 1973, la cual estuvo marcada, a su vez, por cuatro importantes acontecimientos: primero, el rápido cambio en Europa de carbón a petróleo con el consecuente cierre de minas y problemas laborales. Como Europa carecía de fuentes propias importantes, tuvo que abastecerse mayormente de importaciones provenientes del Medio Oriente y Norte de África. El segundo acontecimiento, quizás resultante de las importaciones europeas, fue el rápido desarrollo de la producción en el Medio Oriente, región que, en 1950, suministraba menos de un décimo de las necesidades mundiales, para pasar, en 1973, a ser responsable por un tercio de ellas, además de la posesión de dos tercios de las reservas. Este incremento en la importancia del Medio Oriente combinado con incrementos continuos en la demanda ocasionó el tercer acontecimiento: que los Estados Unidos, al igual que Europa, se convirtieran en importadores netos de petróleo. El último acontecimiento fue el desarrollo del gas natural como fuente importante de energía.

La cuarta fase, ocurrida en los últimos treinta años del siglo, estuvo caracterizada por la diversificación de las fuentes energéticas. Los incrementos en los precios del petróleo ocurridos, primero en 1973 y luego entre 1979 y 1980, tuvieron impactos importantes a corto plazo, aunque sus efectos a largo plazo fueron limitados ya que si descontamos por inflación, resulta que el petróleo, para finales de los noventa, tenía un precio equivalente al que registraba en 1970. En este resultado fueron importantes varias cosas: en primer lugar, el brusco incremento de precios trajo consigo ahorros en el consumo industrial y en el doméstico. Sólo en el plano automotor, los nuevos autos ya producían más kilómetros por litro de gasolina consumido. Este resultado fue una combinación de políticas gubernamentales aunadas a un consumidor que exigía autos más eficientes para que el costo de combustible fuese más manejable. Igualmente, hubo un desplazamiento, en ciertas áreas, tales como la de generación eléctrica, del petróleo (combustible residual) por carbón, solventándose, con nuevas tecnologías, el problema de contaminación ligado a este último combustible en el pasado. Adicionalmente, los altos precios permitieron el desarrollo de nuevos campos petroleros de alto costo pero que ahora podían pagar la inversión, tales como los del mar del Norte y Alaska, así como la apertura de campos marginales en Estados Unidos que los precios bajos habían obligado a cerrar. Igualmente, este nuevo nivel de precios condujo a la exploración en países considerados marginales tales como Colombia, Brasil o Vietnam. Por ello, la actividad exploratoria y productiva de finales del siglo XX fue intensa. A los ya existentes se añadieron nuevos campos en muchos países. En Venezuela, por ejemplo, cuando se temía, en 1984, que nuestro futuro productivo era declinante y basado sólo en crudos pesados y extra-pesados, de poca aceptación en el mercado, surgieron los descubrimientos de crudos livianos del Norte de Monagas y el incremento en producción – mediante la aplicación de nuevas tecnologías – en los campos tradicionales. Igual cosa ha ocurrido con las fuentes alternas al petróleo: la producción de carbón se ha incrementado; el uso del gas natural se ha expandido dramáticamente; la hidroelectricidad es responsable de una quinta parte de la producción eléctrica en el mundo y, con diversos problemas, la energía nuclear creció para proveer de una décima parte de las necesidades de producción eléctrica. Aun así, una gran proporción de los habitantes del planeta, a comienzos del siglo XXI, aún usan energía de fuentes naturales tales como el carbón vegetal, la leña y, en muchos casos, como en la India, estiércol de ganado, secado y convertido en discos apropiados para ser quemados en hornos primitivos.

A comienzos del siglo XXI, el mundo desarrollado se está enfrentando a un grave problema en materia energética, especialmente en la necesidad de suplirse de petróleo, elemento fundamental en el transporte y en la industria química. Como lo hemos señalado previamente, el desarrollo acelerado de ciertas economías, tales como la China, aunado a un continuo crecimiento en Norteamérica y en países de menor desarrollo, ha traído, como consecuencia, el agotamiento de la capacidad sobrante de producción en los países de la OPEP. Si tomamos en cuenta la declinación en el descubrimiento de nuevas reservas, y la declinación acelerada de los grandes yacimientos en el mar del Norte, Alaska y en el Medio Oriente, pareciera que pudiese presentarse un panorama de un mercado insatisfecho con la consecuente presión sobre los precios y su efecto, a la larga, sobre las economías, sin dejar a un lado aspectos tales como la seguridad nacional de los países occidentales puesto que cada vez están dependiendo más de la importación energética de países o regiones que no son necesariamente amistosas.

Los grandes incrementos en la producción industrial, ya señalados, han requerido de un incremento masivo en la producción metalúrgica y, durante el siglo, la producción de metales se incrementó dieciséis veces. Las industrias eléctrica y del automóvil necesitaron de cantidades incrementales de cobre para llegar a casi 10 millones de toneladas anuales habiendo partido de 150.000 al comienzo del período. La producción de níquel se incrementó siete veces, más que nada para la fabricación de aceros especiales.

La producción de alimentos también experimentó un gran crecimiento estimándose que se ha triplicado, aunque, lamentablemente, su incremento no ha estado a la par del crecimiento poblacional. Este crecimiento ha tenido tres facetas: más tierras cultivables, mayor mecanización y el uso de insumos artificiales en la forma de fertilizantes, herbicidas y pesticidas. Como las mayores expansiones se registraron en los Estados Unidos, Canadá, Argentina y Australia, se experimentó un crecimiento nunca visto en el comercio de exportación de alimentos, primero en granos y luego en productos, como la carne, que requerían refrigeración.

Un detalle final en la agricultura del siglo, fue la "revolución verde" que consistió en el uso de variedades de arroz y trigo de gran rendimiento. Esto contribuyó a incrementar la productividad, y por ende, a dar esperanzas de alimentación a países muy necesitados tales como los del África Sub-sahariana y algunas zonas asiáticas. Lamentablemente, estas variedades requieren de niveles altos de fertilizantes y pesticidas por lo que su desarrollo ha estado limitado a granjeros de mayores recursos. El resultado ha sido que una mayor cantidad de habitantes de esas zonas se ha ido quedando, progresivamente, sin tierras de cultivo.

CAPITULO V

La Economía de Mercado

Si algún concepto pareciese tener en el presente una connotación negativa en muchas regiones del globo, ese es el Mercado. Y peor cuando se habla de "mercado libre" el cual aparece en muchas ocasiones ligado a otro fenómeno también culpado de muchos de los males de nuestro mundo actual como es el de la globalización. Sin embargo, y como veremos, es la existencia de la Economía de Mercado la que ha dado pie al desarrollo económico que se ha experimentado en los países ricos y al que aspiran la mayoría de los países pobres.

Por definición, Mercado es el simple intercambio de bienes, bien por otros bienes o bien por instrumentos de valor. Como hemos visto en capítulos anteriores, esta actividad es tan antigua como la misma humanidad. Sin embargo, lo que se conoce como "Economía de Mercado" es mucho más reciente, y vale la pena conocer sus características y la razón por la que ha sido tan fundamental en el desarrollo económico de muchos pueblos.

La historia del Mercado no tiene nombres específicos de personas a quienes atribuirles su desarrollo a través de los tiempos. No existe un inventor de la agricultura, al igual que a nadie en particular se le puede atribuir la creación de un sistema de seguros, o de la banca, o de la formación de compañías o corporaciones. Sabemos, o nos imaginamos, en cuáles pueblos estas manifestaciones aparecieron por primera vez. Así, hemos hablado de la aparición de la agricultura hace diez mil años en Mesopotamia; o de las iniciativas italianas para dar origen a los seguros y a la banca, pero, estamos hablando de manifestaciones de un colectivo en las cuales se han perdido los nombres de los precursores y de sus seguidores que lograron perfeccionar el descubrimiento. Entonces, no podemos hablar de invención sino de evolución. Es decir, una institución como la agricultura, evolucionó a través de los tiempos y dio origen a los primeros asentamientos humanos, núcleos de otras instituciones tales como la política, la religión y los primeros intentos de emitir y hacer cumplir las leyes. De forma que, cada una de estas incorporaciones a nuestra vida económica, política y social, representó un paso adelante en la evolución de las instituciones económicas, en los desarrollos sociales y en las innovaciones técnicas o tecnológicas que los siguieron. Y tenemos que hablar de co-evolución porque no podemos encontrar una causa única o lineal ya que cada paso dado por el hombre en este aspecto requirió de uno anterior y, a su vez, fue el apoyo para el próximo que le seguía. Es así como surge la institución del Mercado. Es el resultado de un proceso evolutivo y no hubiese aparecido si otras manifestaciones no hubiesen estado presentes.

El desarrollo y preponderancia actual del Mercado se debe, adicionalmente, a un fenómeno que pocas veces se destaca: el pluralismo. El Mercado no puede dictarse ni dirigirse desde las alturas del poder ni puede esperarse que una economía con un solo actor o con un número reducido de estos pueda considerarse de mercado. Y pluralismo es, simplemente, la confluencia de diversas manifestaciones que son aprovechadas para el establecimiento de este tipo de economía. Para ilustrar este concepto, debemos recordar que la libertad de pensamiento establecida en algún momento de los siglos XVI, y en particular en el XVII en el norte de Europa, contribuyó a la creación del método científico moderno en el cual se pusieron en tela de juicio los dogmas impuestos por la autoridad eclesiástica de la época. Esto permitió la aparición, la discusión y la prueba de nuevas hipótesis, así como el descubrimiento y enunciado de nuevos principios científicos. De ellos se nutrieron las nuevas tecnologías que formaron la base de la revolución industrial y, en el siglo XX, de la tecnológica avanzada que conocemos. En el plano del pensamiento, la vida intelectual enfatizó la preponderancia de la razón sobre las creencias también impuestas por el autoritarismo tradicional. En un período de dos siglos, aproximadamente, todo esto tuvo su mella sobre los sistemas políticos los cuales pasaron – muy a su pesar – del absolutismo reinante a las primeras manifestaciones de regímenes democráticos. En síntesis, el Mercado surge porque el mundo europeo del norte abandona el control del pensamiento y permite que éste fluya libremente.

La conclusión de lo dicho en los párrafos anteriores es que el triunfo del Mercado ha sido el triunfo de una institución que ha funcionado porque existía un contexto social, político y cultural que lo ha favorecido y, en ausencia de éste, le hubiese sido imposible lograr el necesario esfuerzo cooperativo, el poder compartir la información, lograr coordinar la actividad económica en la que se desenvuelve y, muy importante, desarrollar la confianza entre las personas y empresas de las cuales depende la compleja economía moderna. Si una sociedad carece de esta pluralidad y de esa confianza y, en su defecto, se caracteriza por individualismos sin sobrepesos o balances que puedan restringir tales acciones individuales, o basa su acción económica en oportunismos dados por eventuales influjos de riqueza, difícilmente alcanzará el bienestar que caracteriza a las economías afluentes en las que impera el libre mercado.

El contexto social, político y cultural antes citado se conoce a menudo como "Imperio de la Ley" y es algo fundamental en el desarrollo económico pues, de no existir en una sociedad los medios que aseguren que los acuerdos entre personas o instituciones se cumplen, se restringe en una forma muy severa la habilidad que se pueda tener para establecer relaciones económicas productivas a mediano y largo plazo, base de la prosperidad. Sin embargo, debemos aclarar que no estamos hablando de la ley escrita, que siempre debe existir, sino de aquella "Ley" que coordina y dirige nuestras actividades diarias y nos anima a trabajar juntos. En esto, lógicamente, estamos hablando de los eternos principios de honestidad que permiten que haya confianza entre los diversos actores puesto que la economía exige el intercambio con nuestros semejantes. A través de los tiempos, los mecanismos que regulan las transacciones se han ido perfeccionando pero sólo puede pensarse en un sano desarrollo si se mantienen en los negocios las actitudes que generan la necesaria confianza. Es por ello que el Mercado no puede nunca ser libre puesto que, bien personalmente o dictaminado por códigos, existe una serie de convenciones que deben respetarse si se desea triunfar en él.

Todos los países que en el presente pueden considerarse ricos, han adoptado la Economía de Mercado. No puede decirse que en ellos impera un mercado libre sin restricciones y sin influencia, de algún tipo, de sus respectivos gobiernos. Si examinamos a Noruega y Dinamarca, por ejemplo, nos damos cuenta de que ambos poseen gobiernos fuertes que imponen regímenes impositivos de los más altos del mundo. Suiza es otro ejemplo de una Economía de Mercado caracterizada por un gobierno poderoso y masivamente descentralizado. El epítome de la Economía de Mercado, los Estados Unidos, no escapa a la intervención estatal para regular las actividades de los participantes, corporaciones o individuos.

En cada uno de los veinte países que conforman el "club" de las naciones ricas, existe una modalidad política o social diferente. Por turnos, les ha tocado ser el "modelo económico". Así, recordemos que Japón fue la estrella de los setenta y ochenta hasta que su economía entró en dificultades a finales de esa última década. Luego el testigo pasó a Alemania hasta que la reunificación con su parte oriental, recién salida del sistema comunista, dio al traste con sus esfuerzos. A continuación, los ojos del mundo se fijaron en los países así llamados "tigres asiáticos" cuya estrella brilló por un tiempo fugaz. En todos estos casos, los países menos favorecidos han tratado de imitar el modelo de turno. El fracaso ha sido total por una razón muy sencilla: No se puede aspirar a tener una próspera Economía de Mercado si no se han dado los pasos que exige la evolución de las instituciones que dieron origen a ese tipo de economía y si la sociedad que imita carece del pluralismo requerido.

Este pluralismo al que varias veces hemos hecho referencia, debe adicionalmente ser disciplinado. Para explicar este nuevo concepto, vamos a hacer referencia a un fenómeno económico ocurrido hace unos pocos años en el mundo especulativo de las empresas que quisieron lucrarse mediante el uso del Internet. Se recordará que, en la segunda mitad de los años noventa, la aparición y amplia difusión del Internet, provocó el surgimiento de un sinnúmero de empresas que lograron hacerse conocidas – y convencer a inversionistas – mediante su oferta de que el triunfo económico estaba asegurado puesto que ellas serian proveedoras de todo cuanto el ser humano, en los países desarrollados, pudiese aspirar a hacer y a obtener sin salir de su casa. Los catastróficos resultados mostraron que se pretendía usar la herramienta más allá de lo que la sana evolución podía ofrecer. Muchas personas pedieron sus ahorros luego de haber vivido la ilusión de ser muy ricas.

El fracaso del Internet como herramienta de fácil enriquecimiento general es similar al que, a través de la historia, se ha presentado en diversas oportunidades. La avidez por la fácil ganancia ha recibido casi siempre los mayores desengaños. Esto nos enseña que al no existir futuro cierto, las mejores decisiones de naciones y de empresas son aquellas avaladas por experimentos previos en escala menor; experimentos que frecuentemente se revisan y, si hay éxito, se le hace seguimiento, y si el resultado es el del fracaso, se abandona sin que la primera ocupación del dirigente sea buscar al culpable para castigarlo. Si es esto último lo que prevalece en un país o en una empresa, lo más seguro es que los fracasos se oculten y los experimentos fracasados se conviertan en realidades de tal magnitud que pueden dar al traste con la empresa o empobrecer en grado sumo al país. Las dictaduras en general, y las de izquierda en particular, son un claro ejemplo de fracasos económicos al haberse limitado, hasta lograr la total desaparición, las voces que puedan disentir de los rumbos tomados, o, al menos, que éstos puedan ser discutidos. En una empresa, cuando el pluralismo forma parte de su cultura y está caracterizado por el aporte de todos sus integrantes – y en muchos casos de entes exteriores -, la disciplina la debe imponer el dirigente para evitar que se persigan objetivos personalistas en la defensa de iniciativas o proyectos.

Diferencias en un Mundo Caracterizado por la Economía de Mercado

Un anhelo permanente del ser humano, a menudo confundido con la felicidad, es el bienestar económico. Sin embargo, y sin dejar de lado la importancia de ese bienestar, pareciera que la felicidad depende más de las relaciones personales que existen en nuestro medio que del tamaño de la casa en donde vivimos o de la posibilidad de pasar vacaciones en destinos preferidos o exóticos. Un ingeniero de la India, o un empleado de una transnacional en la Rusia actual, tienen, quizás, la misma preparación profesional – y algunas veces superior – a la de sus contrapartes en los países ricos. Sin embargo, tanto uno como el otro carecen de los recursos y de las comodidades que disfrutan los que viven en los países más desarrollados económicamente. La respuesta a estas diferencias no es tan obvia ya que estamos hablando de personas que son bastante similares en cuanto a su preparación y grado de cultura personal. Lo que sí es evidente y obvio es que hay enormes diferencias en los entornos en los que, a cada uno, le toca vivir. Tenemos que concluir que un suizo, un sueco y un norteamericano, poseen más altos niveles de vida no por ser mas talentosos que alguien de la India, sino porque nacieron y viven en Suiza, Suecia o los Estados Unidos. Estas diferencias, lamentablemente, no han sido disminuidas por el fenómeno conocido como Globalización,

Es entonces cuando tenemos que hacernos las preguntas básicas: ¿A qué se deben las diferencias y por qué se han profundizado? En esta sección vamos a intentar responder a estas dos cuestiones para luego, en un capitulo posterior, ahondar en las razones de por qué los países ricos lo son y por qué existen y existirán países pobres.

Originalmente se creyó que el elemento fundamental en el desarrollo económico lo era la existencia de recursos naturales; entre ellos, la existencia de tierras fértiles y cultivables y la disponibilidad de minerales valiosos tales como el oro, la plata, los diamantes, el carbón o el petróleo. Esta búsqueda insaciable fue – y aún lo sigue siendo - el origen de muchas guerras. Un caso interesante de estudiar es el de los Estados Unidos los cuales siempre han estado dotados de todo tipo de recursos naturales. En esto difieren de países tales como el Japón que carece casi por completo de ellos, al igual que la mayoría de los países europeos. Sin embargo, no es menos cierto que, en materia de tales recursos per cápita, los Estados Unidos están por detrás de Rusia o Venezuela. Se podría pensar entonces que los países más avanzados deberían ser Rusia o Venezuela y no los europeos, Japón o los Estados Unidos. Sabemos que esto no ocurre así. La producción semestral de los Estados Unidos es constantemente mayor que el valor de sus recursos naturales y Japón ha demostrado, por varias décadas desde la Segunda Guerra Mundial, que su carencia de recursos no ha sido óbice para entrar y mantenerse con ventaja en la competencia económica internacional. La conclusión es que la capacidad productiva de los estados ricos genera suficiente cantidad de recursos financieros que les permite adquirir en el mercado abierto cualquier recurso natural que necesiten para su continuo desarrollo.

Otra explicación dada para las diferencias es la presencia de tecnología. Sin embargo, la existencia de un mercado global hace que la misma tecnología pueda estar disponible en cualquier parte del mundo. Solo faltarían los recursos para adquirirla y, más que todo, el entorno que permita su aplicación para la elevación productiva. Tampoco puede ser sólo la educación la respuesta puesto que el ingeniero indio o el empleado ruso posiblemente tengan mayores conocimientos que los trabajadores promedio del mundo desarrollado. Se presenta el caso de que, si un país no desarrollado decidiese incrementar su presupuesto educativo para hacer que sus ciudadanos adquiriesen las herramientas más sofisticadas que les permitiesen ser competitivos a nivel mundial, lo más probable es que, sin una economía que estuviese diseñada a la par de tales entrenamientos, sus ingenieros y técnicos, buscarían emigrar hacia otros países que pudieran garantizarle un nivel de vida acorde con sus expectativas.

Otra explicación socorrida es la presencia de capital y pareciera que los que abogan por esto tienen razón: es indudable que en ciertos países o regiones tales como las áreas rurales de África o Latinoamérica, hace falta más capital que lo que se pueda requerir en un área rural de Suecia. No obstante, el sueco siempre logrará mayor atención a una nueva solicitud por capital que un africano. La razón es que, en un mercado global de capitales, los inversionistas pueden rápidamente mover fondos de un país a otro y no lo hacen por sentimientos patrióticos sino por la esperanza de mayores resultados económicos. Al carecerse en África de la infraestructura y de lo que llama Fukuyama "virtudes sociales" que posee Suecia, refiriéndose a una sociedad que está orientada hacia la cooperación de sus individuos en un plano de confianza y honestidad, es obvio que los mercados financieros acudirán primero a Suecia que al continente africano. De existir una mejor infraestructura social en África o Latinoamérica, los trabajadores rurales de ambos continentes podrían contar con una sociedad civil integrada por diversas asociaciones técnicas y humanas en general, y con una mejor educación que les permitiera operar en forma competente los equipos que otros pusiesen a su disposición, al igual que una mejor infraestructura física – mejores carreteras, por ejemplo – que les diesen acceso a los mercados para la fácil venta de sus productos y lograr mejores precios netos. Por ultimo, una mejor infraestructura institucional que pusiese los capitales en manos del trabajador rural en una forma inteligente y honesta. Todo lo anterior pudiese darle al inversionista, local o extranjero, la confianza de que su inversión pudiese ser exitosa.

Al examinar todo lo anterior expuesto, tenemos que concluir lo siguiente: Todos los veinte países ricos del mundo practican, en una forma u otra, la Economía de Mercado. Tal economía no ha sido impuesta por ningún régimen político ni ha sido la creación de individualidades. Al contrario, ella ha sido producto de una continua evolución de las instituciones que la hacen posible: la existencia de democracia, la fortaleza de las instituciones de ese sistema, la libertad para poner en tela de juicio supuestas verdades ancestrales, y el pluralismo disciplinado. Por último, hay que añadir que el bienestar económico de los pobladores de un país está muy íntimamente ligado al "Imperio de la Ley" no escrita y a la existencia y defensa de las instituciones anteriores más que a la simple existencia de recursos naturales, capitales, tecnología o educación. Todo lo anterior es necesario, pero no puede dar frutos si las condiciones estructurales de la sociedad no favorecen su desarrollo.

Un caso que ilustra perfectamente las aseveraciones anteriores lo representa Japón. Como sabemos, a partir de 1639 y como reacción a las continuas presiones de los europeos y a la existencia de dificultades internas, el país se cerró al mundo por un lapso de alrededor de 250 años, en lo que se llamó el Período Tokugawa. En ese periodo, el escaso comercio con el exterior fue encomendado a extranjeros que sólo podían funcionar desde dos puertos. A pesar de este aislamiento, Japón permitió que internamente existiera cierto nivel de pluralismo ya que su organización política era descentralizada y sus mercados financieros guardaron cierta semejanza con los existentes en Europa para la época. Sin embargo, el aislamiento también trajo rezago en relación a Occidente. En 1853 el Japón fue obligado a abrirse al mundo y, durante el periodo Meiji adoptó tecnología occidental. Esto dio origen a las grandes empresas, que comenzaron por ser familiares para luego aceptar la presencia de la gerencia profesional. Fueron las grandes zaibatsus, que dieron ese poderío japonés que, lamentablemente, se orientó hacia el militarismo. Luego de la segunda guerra mundial, y obligadas a desaparecer, aquellas se convirtieron en las actuales keiretsus. La industria japonesa reestructurada se enfocó hacia la producción de artículos de consumo masivo para llegar, progresivamente, a productos de alta calidad. Toyota se transformó en un competidor con ventaja de los grandes fabricantes de automóviles dejando atrás su pasado de fabricante de máquinas para la industria textil. Lo importante es que, en uno y otro caso, y a pesar de ciertos altibajos, Japón ha podido mantener sus instituciones que son las que le han permitido su asombroso progreso.

CAPITULO VI

Macroeconomía

Se conoce como Macroeconomía al conjunto de factores que afectan la salud económica de un país o de una región. Es indudable, bajo esta definición, que la Macroeconomía siempre estará afectada por las decisiones políticas que se tomen en un país o región determinada y por la influencia que otras regiones o países puedan tener en el país o región bajo estudio. Además de las decisiones políticas del momento, la Macroeconomía estará afectada por el sistema político, económico y social dominante en el país. No es lo mismo el análisis de los factores económicos, y los resultados de la gestión económica, en una nación cuyo elemento económico fundamental, y a veces casi único, es el estado, que otra en la cual prevalece la actividad privada. Las decisiones en materia económica que se tomen en los más altos niveles de un país tendrán un efecto indudable sobre sus habitantes haciéndolos mas o menos prósperos dependiendo del éxito o fracaso de tales decisiones.

En términos generales, el estudio de la Macroeconomía es el estudio de los flujos de dinero que entran en un país y de la manera en que éstos son utilizados. Como veremos, este análisis es importante para determinar cómo un estado puede manejar directamente, o simplemente regular, tales flujos para el beneficio de su población. En general, cuando un estado es productor de materias primas y es, a la vez propietario de los medios de producción de tales insumos, su actividad, más que reguladora, es la del manejo directo de los recursos que percibe por la explotación de tales materias. En esos casos, la economía de ese país es considerada cerrada en cuanto a los términos de libertad económica para terceros, sean naturales del país o extranjeros. Si, por el contrario, el país posee recursos más variados, tanto en lo concerniente a las materias primas como en los productos semi o totalmente manufacturados, y se permite que sea el sector privado el que se ocupe de la actividad productiva, quedando el estado en un rol de proveedor de la infraestructura necesaria para el desarrollo y atención a sus habitantes, además de ser el ente regulador de la actividad económica, se dice que el país posee una alta libertad económica. Entre un extremo y el otro, existe una gran variedad de matices. La libertad económica que pueda ofrecer un estado particular es importante puesto que los países con mayor índice de libertad resultan, en el presente, los más prósperos para sus habitantes.

La lista que a continuación se presenta es un extracto de la publicada durante el mes de enero del 2006 por la organización "Heritage Foundation" y el periódico "The Wall Street Journal", y es tomada muy en cuenta por la comunidad internacional a la hora de decidir donde invertir.

Tabla 7.1
Libertad Económica

Total

1. Hong Kong, 2. Singapur, 3. Irlanda, 4. Luxemburgo, 5. Islandia, 6. Reino Unido, 7. Estonia, 8. Dinamarca, 9. Australia, 10. Nueva Zelanda, 11. Estados Unidos, 12. Canadá, 13. Finlandia, **14. Chile**, 15. Suiza, ...

Casi Total

21. Republica Checa, 22, Bélgica, 23. Lituania, ...29. Japón, 30. Bostwana, 31. Noruega, 32, Portugal, 33. España, **34. El Salvador**,...42. Italia, **43. Trinidad**, 44. Corea del Sur,...**47. Costa Rica**, 48. Uruguay, 49. Panama,......60. México,...62. Arabia Saudita, 63. Peru,....67. **Bolivia**, 68. Tailandia.

Reducida

76. Guatemala,...80. Nicaragua, 81. Brasil, ...85. Guyana,...87. Turquia...**91. Colombia**, 92. Rumania...**107. Argentina, 108. Ecuador**, 109. Paraguay, ..**111. China**,...**122. Rusia**,...141. Bangla Desh, 142. Vietnam, 143. Congo.

Reprimida

146. Nigeria, 147. Haití, 148. Turkmenistán, 149. Laos, **150. Cuba**, 151. Bielorrusia, 152. Libia, **153. Venezuela**, 154. Zimbabwe, 155. Maynmar, 156. Irán, 157. Corea del Norte.

Para la confección de la lista anterior se han tomado en cuenta factores tales como la dificultad de establecer una empresa, en especial si se trata de capital extranjero; las reglas que tienen que ver con la competitividad y su aplicación; el estamento legal y su protección al inversionista; el elemento prevaleciente en la economía (Estado o Sector Privado); la repatriación de capital o de los beneficios de la inversión; el rol de los sindicatos y el sistema impositivo. Un elemento que se toma muy en cuenta es el respeto o no que las autoridades puedan tener por los compromisos legales contraídos con las empresas.

Llama particularmente la atención el lugar No. 153 que ocupa Venezuela entre 157 países. Sólo Zimbabwe, Maynmar (la antigua Birmania), Irán y Corea del Norte, tienen niveles más bajos. Inclusive Cuba está por encima, al igual que Libia. Esto no es un fenómeno nuevo aunque se ha profundizado en los últimos años. Hasta 1998, los gobiernos venezolanos se empeñaron en "favorecer al trabajador" dictando leyes que, o entorpecían el desempeño de las empresas privadas, o peor, favorecían la corrupción al buscar el empresario vías menos complicadas para lograr que su empresa pudiese seguir adelante. Las medidas francamente hostiles al sector privado, a partir de 1999, junto con posiciones políticas internacionales de nuestro país, han llevado a la comunidad internacional a eludir a Venezuela en cuanto a sitio para invertir.

Índices Macroeconómicos

Los Índices que serán discutidos a continuación son los más empleados para medir el estado de la economía a nivel macro. Hay que aclarar, desde un principio, que el crecimiento económico de un país, medido por el crecimiento de su Producto Interno Bruto o PIB, no necesariamente significa que, en forma automática, todos sus habitantes van a contar con mayores recursos económicos y, por lo tanto, vivan mejor. Esto se debe a que en Macroeconomía, así como en su correspondiente en las empresas comerciales – Microeconomía –, la forma en la que se dispone, o se distribuye el ingreso, es lo que puede determinar el progreso económico individual. De forma que los estados, a la vez que tienen el deber de maximizar sus recursos, tienen que crear los mecanismos para que esos recursos se inviertan en forma positiva creando más riqueza y, paulatinamente, tal riqueza pueda ser aprovechada en beneficio de todos. En este sentido, además de la infraestructura necesaria para que esto sea posible, se requiere un programa de largo plazo en educación, salud, y condiciones para que el empleo pueda multiplicarse en ocupaciones dignas y remunerativas. Hasta ahora, si examinamos la lista anterior de Libertad Económica, esto es lo que han hecho los países o regiones que la encabezan, en donde la actividad privada, principal motor económico, es protegida y controlada para que pueda lograr los resultados apetecidos.

Las Cuentas Nacionales

La vida económica de todo ser humano tiene tres ingredientes principales: el Trabajo, el Ingreso y el Gasto o Consumo. Trabajamos en organizaciones, públicas o privadas, obtenemos ingresos como individuos por nuestro trabajo, o por nuestra actividad económica y, normalmente, consumimos individualmente o como grupo familiar. Estas tres perspectivas de nuestras vidas económicas están íntimamente relacionadas ya que lo que ganamos depende de lo que producimos, lo que gastamos depende de lo que ganamos y lo que consumimos de lo que somos capaces de producir en forma directa o indirecta.

De manera de sistematizar estas relaciones agregadas, fue creado, justo antes de la Segunda Guerra Mundial, un Sistema de Cuentas Nacionales el cual tuvo como objetivo poner en orden estas relaciones de ingreso y consumo en la misma forma en la que un jefe de familia responsable establece un presupuesto casero o en la manera en la que la contabilidad financiera nos permite entender la actividad de los negocios. La Segunda Guerra Mundial le dio un fuerte ímpetu al desarrollo de esta "Contabilidad Nacional" porque ofrecía un marco apropiado para el análisis y la disposición de los recursos disponibles en esos tiempos de conflicto. En el momento actual, las contabilidades nacionales están integradas por los mismos elementos originales de manera de exponer y permitir el análisis de los tres fundamentos de la vida económica: Ingresos, Producción y Gasto. Ellos tres convergen en lo que se conoce como Producto Interno Bruto.

El Producto Interno Bruto (PIB)

Se conoce como tal a la suma del valor, expresado en moneda corriente, de todos los bienes y servicios que se producen o se transan en un país. Es, por lo tanto la mejor medida conocida de la actividad económica de un país o de una región. Como vemos en la grafica 7.1 que sigue, correspondiente a los Estados Unidos de América para el periodo 1950-2005, este producto está formado por las inversiones y gastos de tres sectores: El Gobierno, la Comunidad Empresarial y el Público en General. Tanto en el Gobierno como en la Comunidad Empresarial los recursos son tanto invertidos como gastados. En el sector Público en General, las cifras corresponden a los gastos personales, más que a eventuales inversiones de ese sector.

Gráfico 7.1

Estados Unidos - PIB

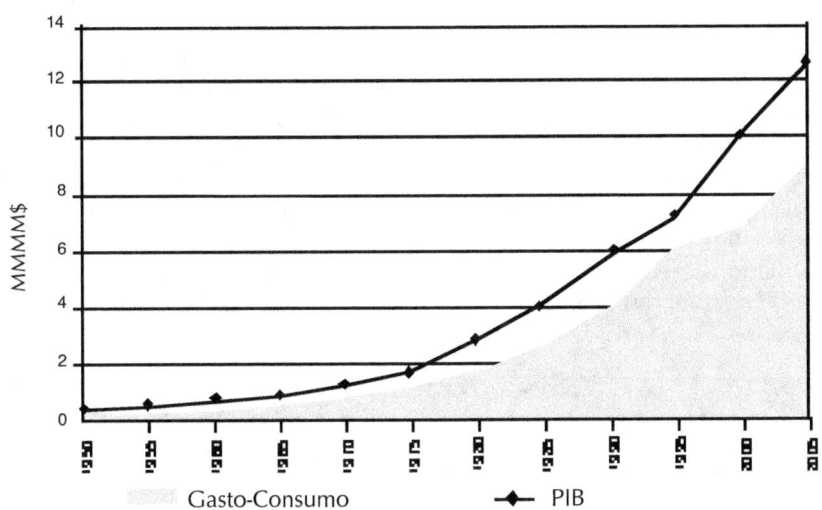

En un país de libre economía, como los Estados Unidos, es natural que se presente una curva como la del grafico anterior en donde los elementos económicos mas importantes son los gastos del público en general y no los del estado, debido a que es ese público, al adquirir los bienes y servicios ofrecidos por el sector privado, es el que mueve la economía. Recuérdese que dos de los elementos que logran variaciones importantes en los índices de la Bolsa de Nueva York, son el nivel de desempleo y la confianza del consumidor. Y esto ocurre así, porque en el pasado, se han tomado las providencias para que exista un mercado de trabajo suficientemente remunerativo que le permita a sus habitantes tener un techo propio, enviar sus hijos a la escuela, proveerse de las comodidades que la vida moderna ha impuesto y, si es posible, y como ocurre en los países europeos, ahorrar para el futuro. Cuando ese factor de consumo personal se hace fuerte, como ha ocurrido en los últimos años (1990-2005) con bajos niveles de inflación y bajas tasas de interés, el sector privado de los negocios reacciona con más inversiones, dando un impulso adicional al crecimiento del PIB.

Los Estados Unidos de América pertenecen al mundo industrializado por lo que su Producto Interno Bruto está íntimamente relacionado con la capacidad productiva de la nación y con la capacidad de consumo de sus habitantes. No es este el caso de la mayoría de los países no industrializados cuyo crecimiento depende más de las exportaciones de sus materias primas, sean estas minerales como el caso del petróleo, o agrícolas. A continuación presentamos dos gráficos correspondientes al caso venezolano. Ellos exponen la dependencia del PIB con los ingresos del principal producto de exportación, el petróleo. Por ello, se presenta en principio la curva correspondiente al precio promedio de la cesta de exportación de este producto y luego los valores absolutos del PIB. Como se observa en el primer gráfico, en el período 2001-2006 el precio de la cesta se ha casi triplicado. Esto ha ocasionado un incremento del 60% del PIB en el mismo período. La drástica disminución de los años 2002 y 2003, en el segundo gráfico, corresponde a la huelga petrolera de finales de 2002 la cual se prolongó hasta marzo de 2003. Como resultado, y debido a la excesiva dependencia del PIB de los ingresos petroleros, hubo una caída sustancial del Producto Interno Bruto en esos dos años

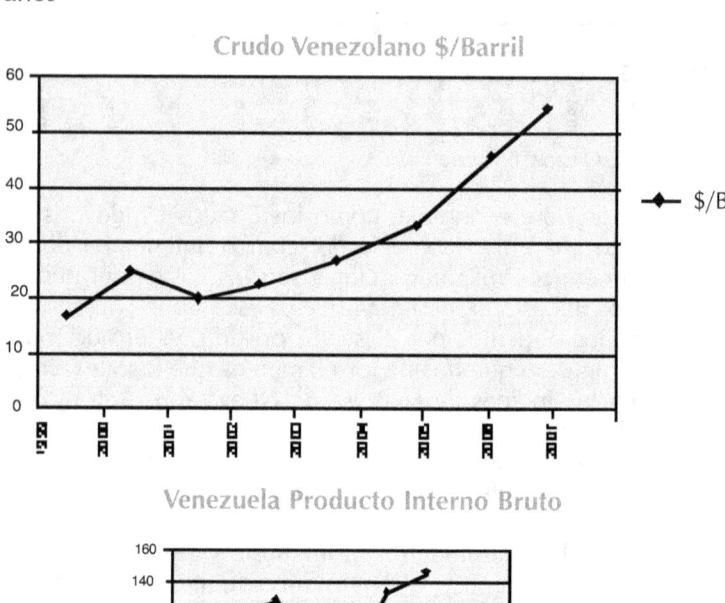

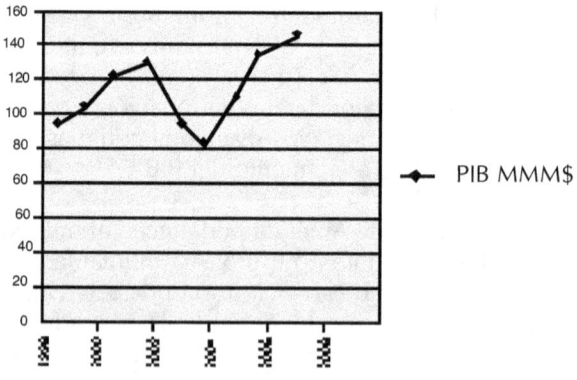

Más que en forma de curva para cubrir un período de varios años, normalmente el Producto Interno Bruto de una nación se suele presentar en forma anual con detalle de lo que le ingresa al país, lo que éste produce y lo que consume. Como muestra, nos permitimos presentar, en la Tabla 7.2, y de nuevo para los Estados Unidos de América, el PIB correspondiente al año 2001:

Tabla 7.2
Estados Unidos de América
Producto Interno Bruto
Año 2001 - MMM$

Gasto:	
105 Millones de Hogares gastaron en promedio $ 67.000	6.987
El Gobierno gastó $ 5.325 por habitante	1.513
Los Negocios invirtieron	1.869
Se presentó un Déficit Comercial de	- 349
PIB igual a	**10.020**

Ingreso	
124 Millones de trabajadores percibieron $ 47.500/año	5.881
Los Negocios obtuvieron ganancias de	3.596
Se pagaron en impuestos	660
Hubo una discrepancia estadística de	- 117
PIB igual a	**10.020**

Producción			
Sector	Prod Total	Venta Terc	Vent Dir
Agricultura	299	264	35
Minería	163	221	-58
Construcción	1.150	244	906
Manufactura	4.330	2.551	1.779
Transp.. Serv. Públicos	1.461	795	666
Comerc. Finanz, Seg.	2.854	1.100	1.754
Servicios	4.221	1.702	2.519
Otros	1.228	92	1.136
PIB igual a			**10.020**

A continuación, presentamos algunos Índices Macroeconómicos de unos cuantos países de economía "emergente" publicadas por la revista "The Economist" en su edición del 20 de noviembre de 2006:

Tabla 7.3

País	PIB	Per	Inflación (%)	Reserv MM$
China	+10,4	3T	1,4	988 Sep
India	+8,9	2T	6,8	160 Oct
Corea del Sur	+4,6	3T	2,1	230 Oct
Taiwan	+4,6	2T	-1,2	262 Oct
Argentina	+7,9	2T	10,5	27 Sep
Brasil	+1,2	2T	3,3	71 Sep
Chile	+4,5	2T	2,1	18 Oct
Colombia	+6,0	2T	42	15 Oct
Méjico	+4,7	2T	4,3	82 Sep
Perú	+9,2	Ago	1,9	15 Sep
Venezuela	+9,2	2T	8,7	28 Ago
Egipto	+5,9	1T	9,6	24 Oct
Arabia Saudita	+6,6	05	2,2	25 Ago
República Checa	+6,2	2T	1,3	31 Oct
Hungría	+3,6	3T	6,3	21 Dic
Polonia	+5,5	2T	1,2	47 Sep
Rusia	+7,4	2T	9,2	265 Oct

En la tabla anterior, más que el PIB, se presenta su variación en el período que se identifica en la segunda columna (Segundo o Tercer Trimestre del año 2006). Esta variación se hace contra el mismo período del año anterior, de manera que puede concluirse que, en el caso de Venezuela, su Producto Interno Bruto creció, en el tercer trimestre del año 2006, algo menos de un 10% en comparación con el mismo trimestre del año 2005. Cuando se hurga sobre las razones del crecimiento venezolano, es fácil concluir que ese crecimiento, al igual que el ocurrido en el año 2005, fue debido al incremento sustancial de los precios petroleros a nivel mundial durante ambos períodos y, en especial, durante el tercer trimestre del año 2005 por los efectos negativos causados en la producción norteamericana de petróleo y sus derivados por los huracanes Katrina y Rita. En períodos anteriores, más normales y de mayor actividad económica empresarial privada en nuestro país, el ingreso petrolero directo representaba un 23 a 25% de ese PIB. Al haber disminuido en los últimos siete años la importancia del sector privado, es posible concluir que el efecto que pueden tener mayores ingresos petroleros directamente sobre la economía es aún mayor. Esta es una debilidad intrínseca de la economía venezolana: su excesiva dependencia de los precios petroleros.

Contrasta el caso chino. En este país se han registrado, desde hace más de una década, crecimientos del PIB superiores al 10%. Aquí el responsable ha sido una industria diversificada producto de la apertura política de hace dos décadas. Este crecimiento es más sólido y de mayor significado que el venezolano. En la tabla aparecen otros dos factores macroeconómicos importantes: Inflación y Volumen de Reservas, las cuales examinaremos a continuación junto con la Balanza Comercial y la Balanza en Cuenta Corriente, que auque no aparecen en la tabla, son elementos fundamentales en el examen de la salud económica de un país.

Productividad y Estándares de Vida

Como ya hemos señalado, las cuentas nacionales, ya citadas, constituyen elementos fundamentales en la medición de los principales aspectos de la vida económica de una nación. En todas ellas hay dos elementos que destacan en la sana apreciación del estándar de vida material de sus habitantes. Ellos son el consumo privado per cápita y la productividad, es decir, la producción que se alcanza individualmente por horas trabajadas.

La tabla que sigue provee un estimado de los estándares de vida y de la productividad en los diecinueve países más ricos del planeta los cuales, a su vez, son los más productivos y los de mayores estándares de vida. Normalmente, y como veremos en esta tabla, la productividad se mide a las tasas de intercambio monetario vigentes puesto que así se determina lo que los mercados globales estarían dispuestos a pagar por la producción de un país. Sin embargo, en vista de las continuas distorsiones en el mercado monetario de intercambio entre los diferentes países, lo cual será objeto de una consideración posterior en esta obra, se ha optado por el uso de la Paridad en el Poder de Compra o "Purchasing Power Parity" (PPP), el cual también está mostrado en la tabla.

Tabla 7.4

Estándares de Vida y Productividad
Año 2001 – U. S. $

País	Consumo per Capita PPP	Prod por Hora PPP	Prod por Hora Tasa de Mercado
Australia	**16.300**	**32,3**	**22,6**
Austria	15.600	40,0	33,2
Bélgica	**14.700**	**46,3**	**37,0**
Canadá	16.000	33,6	25,9
Dinamarca	13.500	39,0	39,8
Finlandia	13.500	36,4	32,0
Francia	14.300	45,2	37,1
Alemania	15.000	40,1	34,5
Hong Kong	**15.600**	**30,9**	**30,0**
Irlanda	13.400	40,2	36,6
Italia	15.600	40,1	28,9
Japón	**14.700**	**35,3**	**43,4**
Holanda	14.300	42,0	34,5
Noruega	**15.200**	**54,0**	**55,1**
Singapur	**11.500**	**29,6**	**26,9**
Suecia	12.200	33,5	31,8
Suiza	17.400	34,6	39,5
Reino Unido	16.900	34,2	31,5
Estados Unidos	24.500	39,5	39,5

Como quiera que se le mida, Noruega tiene la mayor productividad en el mundo pues combina una importante operación de extracción de petróleo con un eficiente sector industrial. El rango de productividad entre los países restantes, a tasas de mercado, encuentra a Japón en el tope ($ 43,0 por hora) y a Australia en el fondo ($ 23,0 por hora). Sin embargo, si usamos como base de comparación la paridad en el poder de compra (PPP), el rango se hace más estrecho con Bélgica a $ 46 por hora y Hong Kong (que en esta discusión se le ha dado carácter de país) y Singapur, con alrededor de $ 30. De la tabla podemos deducir que una economía moderna productiva, que use la tecnología actual, puede esperar una productividad de $ 40 por hora trabajada.

Otro aspecto interesante que podemos deducir de la tabla es que los Estados Unidos, con niveles de productividad sólo promedios, gozan de los niveles más altos de consumo privado en el mundo. Las razones principales son los altos niveles de consumo en relación con el PIB, y una cantidad mayor de horas trabajadas por semana por persona. En este país, los niveles de gasto del gobierno – fundamentalmente en salud, educación e infraestructura – son mucho menores que en el promedio de los países ricos, al igual que la inversión del sector privado. El altísimo consumo norteamericano es financiado, en parte, por el resto del mundo, en particular por Asia.

Inflación

Este es uno de los elementos macroeconómicos de mayor importancia por su efecto negativo en el desarrollo económico de los países o de las regiones. Como se sabe, la inflación se mide en forma periódica mediante la estimación de las variaciones en los precios al consumidor de ciertos renglones que conforman una "canasta" integrada por artículos y servicios considerados necesarios para la vida diaria. En esto hay que tomar algunos índices inflacionarios publicados por los diferentes gobiernos, con "un grano de sal", ya que no siempre la canasta está integrada por los mismos elementos de comida, ropa, calzado, enseres, etc., y pocas veces se toma en consideración el nivel de subsidios directos a los productores o consumidores los cuales distorsionan los precios reales y, por ende, los índices medidos.

Un incremento en los niveles de inflación, más allá de lo que en la economía actual considera como "aceptable", provoca una situación de incertidumbre tanto en los consumidores como en los inversionistas, los cuales normalmente, para adelantarse a la eventual subida futura de precios, crean una situación de mayores precios y, por lo tanto, de mayor inflación. En síntesis, se crea una psicología de inflación mediante la cual el productor, y el comerciante en general, tratan de adelantarse a los efectos negativos y suben los precios provocando aún más inflación. Bajo este panorama, es difícil planificar la actividad productiva e, incluso, la vida diaria, pues se hace cada vez más difícil tomar decisiones tales como la adquisición de bienes permanentes o el simple presupuesto diario. En los países en donde se han dominado los elementos inflacionarios – y en este caso, todos los países desarrollados y la mayoría de los que figuran en la tabla 7.4 – se crean las condiciones para un desarrollo orgánico y sostenido; no así en aquellos países en los que este elemento, en forma permanente, se encuentra fuera de control.

Los fenómenos inflacionarios responden a la simple ecuación de oferta y demanda. Cuando en un país la oferta de productos o servicios es menor que el dinero que en él circula, habrá mas personas o entidades deseosas de adquirir estos lo cual encarece el precio que hay que pagar por los mismos creándose la situación inflacionaria. Igualmente, cuando un gobierno excede en sus gastos al dinero que orgánicamente recibe – es decir el producido por las actividades económicas fundamentales del país –, y, para cubrir el faltante recurre a la emisión de dinero que carece del respaldo productivo, ese gobierno crea inflación la cual será sufrida por todos sus habitantes. Algunas veces, como ocurrió en la Alemania de la post-guerra luego de la Primera Guerra Mundial, las condiciones onerosas que le fueron impuestas al país en el Tratado de Versalles por las potencias vencedoras, obligaron a la emisión de dinero inorgánico para enfrentar las necesidades internas. Esto motivó, hasta el año 1923, que un trabajador alemán cobraba su sueldo diario y se apuraba en gastarlo puesto que, en el transcurso del día siguiente, ese dinero iba a valer una fracción ínfima del valor original. En Latinoamérica, y en especial en el Cono Sur (Argentina, Chile y Uruguay), se recuerdan las mega-devaluaciones que ocurrieron en las décadas de los años setenta y ochenta del Siglo XX. Además del efecto nocivo sobre la economía particular y la condición social de los habitantes de un país que sufre inflación y continuas devaluaciones de su moneda, está siempre presente el desespero que se apodera de la población y que, muchas veces, conduce a una salida trágica, como fue el caso del ascenso progresivo del Nazismo en Alemania y de los regímenes militares en el ya mencionado Cono Sur.

En los tiempos actuales la inflación parece estar vencida en la mayoría de los países desarrollados y, con algunas excepciones, en muchos de economía emergente. De hecho, uno de los requisitos para entrar y mantenerse en la Comunidad Económica Europea es la de manejar un equilibrio fiscal (gastar lo que orgánicamente ingresa al estado) de manera de limitar las posibilidades de inflación que harían difícil las transacciones económicas y los acuerdos políticos entre las naciones que integran y van a integrar esa comunidad. En el presente, se considera como deseable una inflación que no exceda el 2,5% medida en base anual. Igualmente, se considera como negativo el fenómeno contrario, conocido como deflación, en el que los precios de los productos y servicios disminuyen de un año al otro. Y se considera perjudicial puesto que obligaría a tener tasas de interés negativas para el dinero en depósito y listo para la inversión por lo que una deflación podría conducir a una depresión económica. Recientemente, y por breve lapso, Japón sufrió un problema de deflación; en el presente, el fenómeno comienza a aparecer en dos de los "tigres asiáticos": Taiwán y Singapur. La conclusión final sobre inflación o deflación es que ambas destruyen valor económico y hacen difícil la planificación económica de un país, de una empresa o de cualquier persona, por lo que deben hacerse todos los esfuerzos, de parte de los gobiernos, para mantener disciplina fiscal, un elemento más importante para el bienestar de la población que el aventurarse en grandes proyectos para los cuales se carece de los recursos normales.

Política Monetaria

Se conoce como tal las decisiones que toman los gobiernos – normalmente a través de sus Bancos Centrales, del valor de su moneda en comparación con otras que se consideran como patrones tales como el dólar norteamericano, el euro de la Comunidad Europea o la libra esterlina del Reino Unido. Cuando la comparación del valor de una moneda determinada frente a alguno de esos patrones muestra que es posible adquirir bienes y servicios por un valor equivalente menor, se dice que la moneda esta sub-valuada. En caso contrario estará sobrevaluada. La medición de la sobre o subvaluación de la moneda ha sido objeto de largas discusiones puesto que es difícil encontrar patrones de gasto que permitan establecer claramente la posición respectiva. El viajero frecuente encuentra que el mismo bien puede ser adquirido en un país determinado a un precio sustancialmente menor o mayor que en su país. No obstante, ese viajero se está refiriendo a un grupo reducido de artículos y de servicios que difícilmente abarcan la totalidad de los factores económicos de ese país. Entre esos factores están, por ejemplo, el costo de la materia prima con la que se manufactura el producto que adquiere y el costo de la labor para esa manufactura o para prestar ese servicio. Se entiende que si un país produce la materia prima, y manufactura el producto terminado a un costo menor que otros países o regiones, sus habitantes deben disfrutar de ese beneficio. Ese principio está ampliamente entendido por la Organización Mundial del Comercio (World Trade Organization). Lo que no resulta aceptable es que, de una manera artificial se mantenga el valor de la moneda en un nivel tan bajo que sus productos puedan competir favorable, pero injustamente, en el mercado mundial. Ese es el caso actual de China la cual mantiene, en el presente – Noviembre de 2006 – un valor de su moneda, el yuan, por debajo del que debería tener.

Los Bancos Centrales son los responsables de que el flujo de dinero orgánico que entra a un estado, a través de sus impuestos, inversiones, exportaciones propias y producción de sus entes dedicados, pueda ser revertido al país en una forma ordenada evitando que haya excesivos déficit o superávit. En un país como Venezuela, que recibe sus ingresos mayormente por la exportación petrolera controlada por el mismo estado, las divisas recibidas deben ser integradas por ley al Banco Central. Esta institución tiene el deber de regresar ordenadamente esas divisas a la economía mediante la conversión de las mismas en la moneda corriente, en este caso el bolívar. De forma que cualquiera que sea el gobierno de turno, debe mantener al Banco Central en independencia total – hasta en la designación de sus autoridades – para que ese organismo pueda ejercer su función reguladora de los flujos monetarios. Igualmente, los bancos centrales deben establecer las tasas de interés que regulan los préstamos bancarios. De esta forma, si hay fenómenos inflacionarios por la presión de los consumidores sobre los productos y servicios, por ejemplo, el Banco Central del respectivo país debe subir las tasas de interés para limitar el volumen de dinero en manos de la población. Igual cosa, pero de signo contrario, ocurriría si hay total estabilidad o posibilidades de deflación. Otro elemento que haría subir o bajar las tasas de interés se presenta en aquellas monedas de libre flotación, es decir, cuyo valor está determinado por el mercado de divisas. En estos casos, si las tasas de interés en los Estados Unidos son más bajas que en Europa, con toda certidumbre, los inversionistas en monedas tratarán de adquirir euros con lo que provocarían la apreciación de esa moneda.

De forma que la fijación del valor de una moneda frente a los patrones ya mencionados resulta compleja puesto que en ella intervienen factores políticos además de los simplemente económicos.

En Venezuela se recuerda con tristeza los acontecimientos que llevaron al gobierno de turno, en 1983, a abandonar un valor fijo del bolívar frente al dólar (4,30 Bs. /$) debido a que ese valor de conversión no podía ser respaldado por la existencia de divisas extranjeras en el Banco Central ni resultaba suficiente para cubrir los déficit fiscales que habían sido calculados con un ingreso petrolero muy superior al que se presentó en los años 1981 y 1982. De haberse permitido, con bastante anterioridad, la fluctuación de nuestra moneda, y haberse tomado decisiones mas cónsonas con las señales que el mismo mercado petrolero estaba dando, se hubiese podido evitar la catástrofe financiera sufrida por nuestro país en el resto de los años ochenta y durante toda la década de los noventa. En una situación como la actual (2006) que, de nuevo es de altos precios petroleros e ingentes recursos en manos del estado, se esperaría que las lecciones del pasado hayan sido aprendidas.

En los últimos tiempos, y debido a la dificultad ya explicada en establecer un patrón de sobre o subvaloración de una moneda, se ha recurrido al valor en dólares – tomando en cuenta el cambio existente en los países – de un articulo tan omnipresente en el mundo como es una hamburguesa "Big Mac" de la empresa McDonald's. Lo que se hace es determinar cuánto cuesta en cada país, en términos de dólares al cambio, un artículo que, esencialmente, es el mismo, con los mismos ingredientes, y preparado exactamente igual. Esto ha creado el "Índice Big Mac" el cual presentamos en la tabla siguiente para un grupo escogido de países. Los que aparecen con valores positivos, se consideran sobrevaluados con respecto al dólar, tal como el franco suizo. Los negativos están subvaluados. Obsérvese el caso del yuan chino. El dólar, que sirve de patrón, aparece con valor cero. Este índice fue creado en 1986 por la editora, en ese tiempo, de la revista "The Economist" y se ha extendido ampliamente en el mundo sufriendo inevitablemente, usos y abusos.

Cuando se usa este índice hay que tener cuidado en un aspecto: es natural que el precio de un artículo de consumo en ciertos países pobres sea más bajo que en los países ricos simplemente porque el costo de la mano de obra para producir los insumos – en este caso la mayoría son agrícolas – es más bajo, así como es menor el salario de las personas que se encargan de la distribución y elaboración de las hamburguesas. Esto se refleja en el precio en la moneda de ese país. En la medida en la que un país comienza a emerger de la pobreza, sus habitantes comenzarán a tener mayores ingresos producto, entre otras cosas, de un mayor nivel salarial. Esto afecta el precio de cualquier artículo que consuma. Por ello, no es extraño ver que las monedas de ciertos países europeos, en particular la de los escandinavos, aparecen sobrevaluadas respecto al dólar norteamericano. No obstante lo anterior, se ha demostrado, desde su creación, que este índice pareciera ayudar a corregir en el tiempo las subvaloraciones monetarias.

Tabla 7.5
El Índice Big-Mac

Fuente: Revista "The Economist" – Noviembre de 2006

País	Precio (US$)	Sub o Sobre Valor Vis US $
Estados Unidos	3,10	0
Argentina	2,44	-26
Brasil	2,78	-10
Gran Bretaña	3,65	+18
Canadá	3,14	+1
Chile	2,94	-5
China	1,31	-58
Dinamarca	4,77	+54
Hong Kong	1,55	-50
Indonesia	1,57	-49
Méjico	2,57	-17
Perú	2,91	- 6
Polonia	2,10	-32
Rusia	1,77	- 43
Suecia	4,53	+46
Suiza	5,21	+68
Venezuela	2,17	-30
Colombia	2,60	-16
Costa Rica	2,22	-28
Islandia	6,37	+106
Noruega	7,05	+127

La Balanza Comercial y en Cuenta Corriente

Pocas veces se habla de estos dos elementos macroeconómicos, excepto entre los entendidos, pero vale la pena mencionarlos brevemente puesto que ellos tienen una importancia fundamental en la economía de un país. Por Balanza Comercial se entiende la diferencia – positiva o negativa – entre el valor de sus exportaciones y el de sus importaciones. Hay países muy desarrollados y poderosos, como los Estados Unidos de América, que sufren en forma persistente de una Balanza Comercial negativa ya que importan mucho mas de lo que exportan. Esto no necesariamente es perjudicial en el corto plazo puesto que si ese país, además de ser el dueño de una de las monedas patrón, es capaz de generar internamente suficiente valor económico en forma consistente, puede darse el lujo de tener, hasta cierto punto, una balanza comercial negativa. Todo dependerá de que si el país es capaz de generar riqueza mediante otros medios de producción distintos a los que generan los artículos importados. Por ejemplo, la industria automotriz norteamericana sufre en el presente una crisis que se profundiza cada año debido a la masiva importación de automóviles de superior calidad de Asia (Japón y Corea) o de Europa. Esto ha provocado que hayan desaparecido, y continúan desapareciendo, plantas de producción automovilística pertenecientes a las tres grandes empresas: Ford, General Motors y Chrysler. Igual cosa ocurrió, hace unos años, con las empresas de producción de acero en bruto en estados como Pennsylvania. Simplemente, en una economía abierta, no pudieron competir, y tuvieron que cerrar dejando miles de trabajadores en la calle. Sin embargo, los Estados Unidos, como un todo, ha seguido teniendo, año tras año, crecimiento económico y bajos niveles de desempleo debido a una reorientación de su economía hacia otros rubros. Por ello, no parece ser preocupante, para ese país, ese déficit comercial. Países que viven de las exportaciones – en particular de las materias primas – deben poner mucha atención a esta Balanza Comercial y mantener el nivel de importaciones cónsone con lo recibido en divisas en exportaciones, preferiblemente con un balance positivo el cual debe ingresar las reservas fiscales de ese país. Normalmente, Venezuela mantiene una Balanza Comercial positiva. Sin embargo, en algunas oportunidades de bajas drásticas en el precio del petróleo crudo, se ha creado cierta alarma justificada por el bajo nivel de las reservas. Esto ha obligado a crear mecanismos para reducir las importaciones con el resultado esperable de escasez en muchos rubros.

La Balanza en Cuenta Corriente toma como elementos para su cálculo tanto la Balanza Comercial como el flujo de capitales que entran y salen del país, bien por la exportación de capitales o para el pago de deuda a los organismos internacionales. Este elemento es mucho más importante que la simple Balanza Comercial puesto que la desconfianza en la economía de un país puede generar un flujo desenfrenado de capitales saliendo el cual afectará la capacidad de ese país para enfrentar sus obligaciones internas y externas. Los organismos internacionales de ayuda a las economías en problemas tales como el Fondo Monetario Internacional y el Banco Mundial, le prestan particular atención a la Balanza en Cuenta Corriente, tanto la presente como la que se pueda proyectar hacia el futuro, de modo de diseñar programas que pueden permitirles a ciertos países salir del atolladero económico en el que se han metido. No siempre estos diseños son exitosos porque, normalmente, toman como modelo las acciones que han tenido éxito en los países ricos, olvidándose de que hay diferencias culturales y de medio ambiente que hacen inaplicables muchas de esas medidas.

Estado vs. Sector Privado

En los países que han alcanzado prosperidad en el último siglo han prevalecido tres elementos fundamentales: un sistema democrático en el que la Ley está por encima de los seres humanos; respeto y promoción del sector privado en la economía y un sistema judicial independiente. Estos tres elementos han sido claves en el desarrollo económico, mucho más que la actuación colonialista europea del pasado, y han demostrado a muchos países europeos, que si estos elementos están presentes, no importa la pérdida de imperios anteriores. Como ejemplo están países como el Reino Unido, Holanda o Francia, que vieron desaparecer sus imperios colonialistas luego de la Segunda Guerra Mundial y han podido continuar con un papel económico preponderante en el mundo. La experiencia, a lo largo de la historia, indica que la ausencia de estos tres factores, o de uno tan solo de ellos, provoca, a la larga, la debacle en términos económicos seguida de la desaparición política del régimen correspondiente. Son recordados los casos de tres revoluciones que sacudieron los cimientos de sus países o regiones respectivas: La inglesa, liderada por Oliverio Cromwell a mediados del Siglo XVII, y a finales del siglo XVIII, la norteamericana y la francesa. La primera fue provocada por el carácter absolutista del Rey Carlos I quien intentó desconocer los derechos de sus ciudadanos, incluyendo los de la nobleza. La norteamericana se presentó como producto de la reacción del pueblo soberano ante las pretensiones de la corona inglesa de gravar impuestos sin que los colonos norteamericanos tuviesen representación en el parlamento en donde tales decisiones eran tomadas. La francesa fue producto de la natural reacción del pueblo ante un sistema que enriquecía desmesuradamente a los poseedores de la tierra – nobles en su mayoría – y empobrecía cada vez más al pueblo que producía tal riqueza. En las primeras dos el resultado, aunque distinto y con acontecimientos muy diferentes, llevó a la formación de estados en los que prevaleció la presencia de los tres factores antes mencionados, en particular el del respeto a la propiedad privada y fomento y protección al sector privado productivo, creándose un sistema de recolección de impuestos para que el estado pudiese acometer lo que, en esencia, debía ser su función: favorecer el bienestar de toda la población. En la francesa, los líderes optaron por la destrucción del aparato social y económico existente, incluso mediante la desaparición física de los que eran capaces de llevar las riendas de tal aparato. A esto, como se sabe, siguió un período de terror que desembocó en una dictadura encabezada por Napoleón Bonaparte. El resultado fue, por varias décadas, de empobrecimiento para el país hasta que se tomaron las medidas correctivas.

Toda esta experiencia parece decirnos que, si un país desea alcanzar los altos niveles de desarrollo que merecen y piden sus habitantes, el estado debe crear los mecanismos para que la ley esté por encima de sus gobernantes, no éstos por encima de ella; las autoridades sean elegidas o nombradas por sus méritos y no por sus contactos con la élite dominante y, sobre todo, el poder judicial debe tener total independencia de acción sin temor a represalias. Cumplido esto, o simultáneamente, los gobiernos deben dejar la actividad productiva en manos de un sector privado que sea competitivo, para lo cual también debe establecer reglas de juego claras e intervenir para evitar la formación de monopolios u oligopolios que sólo actúan en contra de los intereses del consumidor. Como el sector privado requiere de ciertas condiciones físicas para desenvolverse, el estado debe construir y mantener una red de vías de comunicación, puertos y aeropuertos, que garanticen que los productos no se encarezcan indebidamente por trabas en su transporte. Igualmente, como el sector privado no tiene por qué estar involucrado en las labores sociales que beneficien a la población, excepto las que pueda desear como es el caso de dotaciones a instituciones tales como universidades, escuelas o museos, es al estado – no a sus empresas que no debe, en principio poseer u operar – al que le corresponde la infraestructura social necesaria para atender los requerimientos de educación, salud y seguridad ciudadana. La pregunta entonces seria: ¿de dónde saca el estado los recursos para acometer esta labor? La respuesta es sencilla: de los impuestos al sector productivo, a las transacciones económicas y al ingreso personal en niveles tales que no estrangule la posibilidad que tendrían los entes potencialmente gravables de pagar sin desaparecer del ámbito económico.

Lo anterior nos lleva a otra conclusión y es que para que el sector privado y la población en general puedan tener lo anteriormente descrito, deben cumplir con su tarea, cual es la de prestar lo mejor de si en la labor que, empresarial o personalmente, les toca llevar a cabo. Las empresas deben respetar las reglas del juego limpio o sufrir las consecuencias. En este juego limpio intervienen la calidad y el costo de lo producido, el nivel de precios, el trato a sus empleados y, sobretodo, la actuación ética en todas sus manifestaciones. La población, por su parte, debe dar lo mejor de si en el desempeño de sus tareas, llámense éstas estudio, trabajo o vida familiar. Muchas veces se habla de niveles de corrupción, y ellas se refieren al cobro ilegal de comisiones por parte de funcionarios para el desempeño de una tarea determinada. No obstante, la corrupción que más afecta a un país es la de que sus habitantes no cumplan con sus obligaciones ni se sientan responsables de las tareas diarias de la vida. Si por ejemplo, se evaden los impuestos a pagar, es difícil pedir rendición de cuentas a aquellos que se encargan de recaudarlos e invertirlos. Hay que recordar que el dinero que maneja un gobierno determinado no le pertenece, puesto que es el patrimonio de todos sus habitantes y los funcionarios gubernamentales son solo los administradores de tales recursos para el beneficio general.

Desempleo

Este factor macroeconómico es uno de los que más afecta directamente a la población. Socialmente lo ideal es que no exista desempleo y que todos los habitantes puedan aspirar a tener un empleo digno y remunerado de tal manera que les permitan satisfacer sus necesidades básicas y las impuestas por el mundo moderno. Sin embargo, se argumenta que una economía sin desempleo sería fatal para sus habitantes puesto que, basados en las leyes de la oferta y la demanda, no existiría un "pozo" de trabajadores potenciales de los que se echaría mano para ocupar las nuevas posiciones que el desarrollo impone. Se crearía entonces un "mercado de empleados" con el consiguiente aumento en los costos de producción pues habría que negociar sueldos cada vez más altos para lograr atraer a los trabajadores que ya están empleados en otras actividades. El resultado seria inflacionario con las consecuencias ya descritas.

Cuando el desempleo se hace muy grande – y nos referimos al número de personas capaces de ingresar al mercado formal del trabajo pero que no consiguen cupo – se presenta un fenómeno que enmascara las cifras macroeconómicas cual es el empleo en el sector informal. Si bien esto permite que el trabajador pueda obtener algunos ingresos inmediatos, el perjuicio es tanto para el estado que no recibe las contribuciones que serían esperables de un trabajador formal, así como para la población formalmente empleada. Esta última resulta perjudicada porque los empleadores sabrán siempre que hay un número grande de trabajadores potenciales en la calle y que pueden echar mano de ellos si las presiones por sueldos o beneficios de los de sus nóminas se hacen mayores. Por otra parte, el trabajador informal resulta perjudicado porque carece de los beneficios y protección que le daría un empleo formal en materia de estabilidad y seguridad social. Según el investigador Hernando de Soto, el sector informal en propiedad y empleos en el Tercer Mundo podría exceder el 50% de los bienes de capital existentes y del empleo total.

Uno de los debates más recurridos entre los economistas ha sido la relación entre el desempleo y la inflación. Luego de la segunda guerra mundial, un número importante de gobiernos trató de establecer controles sobre el desempleo aportando más dinero a la economía aunque ello causara algo de inflación pero, al menos, permitía que los nuevos trabajadores se integraran. En 1967, el célebre economista Milton Friedman, demostró que esto no era más que una ilusión puesto que el empuje sobre la demanda bajaba en principio el desempleo al hacer creer a los trabajadores que como los sueldos estaban por encima de los precios, podían ofrecer su trabajo al sueldo o salario que se les ofrecía. Una vez que la inflación se hacía cargo de la economía, argumentaba Friedman, era inevitable la demanda por un alza en los salarios, nuevos despidos y el desempleo iba a volver a ascender a su condición "natural". Un esfuerzo de los gobiernos por bajar el desempleo sólo iba a traer como consecuencia una elevación ulterior de la inflación.

Con estas discusiones hemos querido presentar los elementos macroeconómicos más importantes y destacar lo que todos ellos representan en nuestra vida diaria. Hemos insistido en aquellas fórmulas que, hasta el presente, han traído bienestar general a muchos países aunque reconocemos que no todos los elementos macroeconómicos son igualmente aplicables. Los que sí nos parecen universales son los ya mencionados del imperio de la ley sobre los hombres y los gobiernos, el respeto a la propiedad privada, ya que sin éste no hay incentivos para la inversión y, por último, la existencia de un poder judicial independiente que maneje leyes que favorezcan el desarrollo económico y no que lo limiten. Todo esto requiere de la existencia de una sociedad basada en ciertos valores éticos producto de su respectiva cultura.

CAPITULO VII

Microeconomía

La Microeconomía es la parte de la Economía que trata los asuntos relacionados con las empresas. En nuestro caso vamos a concentrarnos en las empresas comerciales.

Una empresa comercial es una asociación voluntaria de recursos humanos, materiales y financieros con el objetivo de generar ganancias materiales mediante el adecuado uso de tales recursos. En este sentido, este tipo de empresa difiere de otros tipos de asociaciones con el mismo tipo de recursos pero cuyo objetivo se define ampliamente con la frase "sin fines de lucro" puesto que sus objetivos no son los de generar ganancias financieras o materiales para los que las constituyen, sino cubrir necesidades de otra naturaleza en la sociedad, tales como acciones filantrópicas o de carácter religioso o social en general.

Según la obra "Trust", del afamado economista Francis Fukuyama, virtualmente todo esfuerzo económico comienza, en general, como un negocio familiar: esto es, perteneciente y administrado por familias. La unidad básica cohesiva en la familia sirve de unidad básica en la empresa: el trabajo se divide entre los esposos, hijos, yernos, etc., hasta incluir un amplio grupo de parientes. A medida que un negocio crece, su dimensión supera la capacidad de una única familia para operarlo. Si aún así persiste, llega un momento en el crecimiento en el que se requiere más capital que el que la familia puede aportar. Por ello, el control familiar comienza a disolverse a través de los préstamos bancarios y, posteriormente, a través de la oferta de acciones. En el momento en el que las circunstancias hacen que una familia pierda el control, se convierten sus integrantes en accionistas pasivos y dan pie a la forma moderna de organización con la entrada de gerentes profesionales escogidos no por su filiación familiar sino por su competencia. En los Estados Unidos, la forma corporativa de organización se inició a mediados del siglo XIX y, un poco más tarde, en Alemania.

En las economías maduras también las nuevas empresas comienzan por ser familiares y solo posteriormente llegan a poseer una estructura corporativa más impersonal y menos familiar. Sin embargo, en algunos países, tales como Holanda e Inglaterra desde el siglo XVI, se crearon condiciones legales para el establecimiento de asociaciones tales como las compañías por acciones y las sociedades de responsabilidad limitada, con esquemas totalmente alejadas del concepto de empresa familiar. Es a ellas a las que nos vamos a referir en los próximos párrafos.

Existen diversas formas en la que la asociación de los recursos, antes mencionados, pueden constituir una empresa comercial: la simple unión de recursos financieros – llamémoslos capital – y de trabajo común de dos personas con el objetivo de producir o transar bienes (manufactura o comercio), constituye, de por si, una empresa comercial aunque no se hayan realizado las formalidades que exige la ley para su funcionamiento. Sin embargo, nuestra discusión se va a concentrar en los tipos de empresas que sí cumplen con esas formalidades. De hecho, el cumplimiento de tales formalidades, como el registro de la empresa, la designación de sus funcionarios y cuerpo directivo, la celebración de reuniones formales, así llamadas de juntas directivas o de consejo administrativo o directivo, o asambleas, son elementos que tienden a proteger a los propietarios del capital y de los recursos materiales, así como a sus empleados y a la misma empresa.

En la mayoría de países del mundo existen dos formas típicas de asociación para constituir empresas: el "partnership" o sociedad general, y la corporación o compañía anónima – también conocida como sociedad anónima -. Las leyes de los diferentes países varían en cuanto a la reglamentación del funcionamiento de ambos tipos de empresas.

Una corporación, o compañía anónima, o compañía por acciones como también se la conoce, es una asociación de recursos aportados por terceras personas la cual posee personalidad jurídica propia, es considerada por la ley como una unidad, con vida propia, y está separada de los miembros que la integran, es decir de sus dueños. Para entender mejor a la corporación privada como método para hacer negocios, debemos compararla con otras formas de empresas disponibles. Las más conocidas son las de un solo propietario, la sociedad general, la sociedad limitada, el "joint venture", la compañía joint-stock y los negocios fiduciarios. Nos concentraremos en las dos mayores: sociedad general y corporación, ya que las otras son formas intermedias que tienen uno o más de los atributos de estas dos.

La sociedad general o "partnership" es meramente una asociación de personas para conducir un negocio de forma de generar ganancias. Se forma por simple acuerdo entre las partes y no es una entidad puesto que no tiene vida separada de sus dueños. La corporación, por su lado, es considerada como una "criatura" legal del estado y por ello, como apuntamos, debe ser tratada como una entidad separada de sus dueños. La sociedad general es un agregado de personas; la corporación es, más bien, un agregado de capitales, es decir un cuerpo continuo de propiedad a pesar de que, en el tiempo pueda cambiar de dueños. En una sociedad general cada socio es principal y, a la vez, agente para cada uno de los otros socios. Como resultado, cada uno de los socios puede comprometer al resto en contratos en nombre de la sociedad dentro del campo del negocio, esté autorizado o no. Cada uno de los socios tiene ilimitada responsabilidad en todas las obligaciones de la sociedad general, teniendo que responder con su fortuna personal. La sociedad general se disuelve en forma automática cuando se sale uno de los socios, o cuando éste muere, puesto que los intereses no son transferibles. Como no es una entidad separada, la sociedad general no paga impuestos; son sus dueños los gravables. Esto, algunas veces, puede ser una ventaja, otras una desventaja.

En marcado contraste con la sociedad general está la corporación. En primer lugar, ningún socio puede comprometerla por separado. En forma colectiva los socios nombran directores quienes a su vez designan a los funcionarios (administradores o gerentes) para operar la empresa. Esto viene a ser un sistema de control en el que los funcionarios están supervisados por los miembros de la junta directiva y estos a su vez no pueden legalmente obligar a los funcionarios a salirse de las normas de ética que deben regir una empresa.

El carácter de entidad separada aísla a sus miembros accionistas de responder en forma personal e ilimitada ya que su responsabilidad tiene como límite el monto de la inversión acordada. Como las actividades corresponden a un grupo colegiado y la responsabilidad es limitada, transferir el interés en un negocio específico no acarrea la amenaza patente que existe en las sociedades generales, puesto que las acciones son perfectamente transferibles. El ingreso que registra una corporación es normalmente gravable y las ganancias netas distribuidas a sus accionistas. Estos tienen que pagar impuestos por tales dividendos en algo que muchas veces se ha denunciado como "doble gravamen". En los Estados Unidos existe una disposición desde 1958 que elimina este doble impuesto para empresas con menos de diez accionistas. Igualmente, en los Estados Unidos, las corporaciones deben también pagar impuestos estatales en el estado en donde funcionan, además del impuesto federal.

Por ello, una corporación tiene derechos y responsabilidades, lo que quiere decir que los aportes de sus dueños son deudas que adquiere la corporación con estos. De igual forma, los activos en dinero o cosas materiales que posea la empresa, le pertenecen y no deben ser extraídos por sus dueños a menos que se formalice que lo que se saca de la empresa es una deuda que sus dueños – o un dueño en particular – adquiere con la misma y está obligado a saldar en el futuro. Este aspecto es muy importante para la sana administración de las empresas pero tiende a ser dejado de un lado en pequeñas empresas comerciales de carácter familiar. Resumiendo lo anterior, al ser formada la corporación de acuerdo a un ritual prescrito, esta entidad separada tiene atributos reconocidos por la ley, es dueña de sus propiedades, es responsable por sus deudas (en este sentido difiere de las asociaciones tipo comanditas o partnerships) y está autorizada para celebrar contratos. Es más, la vida de una corporación puede exceder la de los miembros que la formaron originalmente, pues los papeles que formalizan la propiedad pueden ser transferibles. No es extraño oír de corporaciones cuya vida excede uno o dos siglos, mucho más de lo que sus integrantes originales pudieron aspirar a vivir.

Las compañías anónimas o corporaciones, sean grandes o pequeñas, como se ha indicado previamente, pueden emitir o no acciones. En las que las emiten, el interés y el control de cada inversionista sobre la corporación están representados por el número de acciones que posea así como por el porcentaje de éstas en relación con el total.

Evolución

El concepto de una organización con propiedad colectiva, y con una vida más prolongada que la de una persona natural, se puede encontrar en las ciudades-estados griegas y también en las collegium y universitas romanas. En 1245 la Iglesia Católica Romana, para articular el concepto, usó el término "corpus" del cual ha devenido el "incorporar" (es decir, formarse en un solo cuerpo). La iglesia, en sí misma, es un ejemplo perfecto de un propietario inmortal de una propiedad temporal considerable. Tres siglos después, Inglaterra suministró ejemplos dramáticos de lo que podía ser una corporación, a través de sus poderosas empresas comerciales de ultramar. Una de ellas fue "The Treasurer and Company of Adventurers and Planters of the City of London for the First Colony in Virginia", una corporación privada que fue la que autorizó el viaje del Mayflower y resultó responsable por el asentamiento de los puritanos en Plymouth, estado de Massachussets, en 1620. Este concepto de un propietario eterno fue llevado a las empresas por acciones: organizaciones de negocios que operaban sin el beneficio de un título y que comenzaron a ser llamadas "compañías". La East India, formada posteriormente en la misma Inglaterra para la explotación de los recursos de la India, junto con la Dutch East India, formada por los holandeses, son ejemplos de este tipo de instituciones comerciales que por su duración sobrepasaron la vida natural de sus fundadores.

Formación de una Corporación

Las corporaciones privadas que requieren ingentes sumas de capital usualmente lo logran a través del uso de promotores los cuales crean el interés en el público, los reúnen, agencian la emisión de las acciones y dirigen las actividades preliminares a la conformación. Las instituciones financieras bancarias tales como Merryl Lynch, Goldman Sachs, etc., se ocupan normalmente de estas gestiones preliminares. Los fraudes potenciales en esta área se han reducido bastante por los controles gubernamentales en cada país, especialmente mediante legislaciones sobre valores. En Venezuela el organismo a quien compete esta función reguladora es la Comisión Nacional de Valores.

El procedimiento para formar una corporación es la misma se planee o no una participación pública. Los llamados "artículos de incorporación" son un contrato a) entre el estado y los incorporadores, b) entre la corporación y sus accionistas y c) entre los propios accionistas. Estos artículos de incorporación pueden ser tan sencillos como los correspondientes a la incorporación de una empresa en los Estados Unidos de América, en los cuales no exceden de una o dos páginas y muy sucintamente exponen la naturaleza, objetivos y miembros de la corporación, o, pueden ser extensos como en el caso venezolano en los cuales existe una manera más o menos estandarizada, pero sumamente larga, de exponer lo mismo, posiblemente con el deseo de evitar interpretaciones que puedan ocasionar conflictos entre los socios. En cualquier caso, pareciera existir una estrecha relación entre el grado de desconfianza mutua que existe en una sociedad y la extensión y minuciosidad de sus contratos.

En los artículos de incorporación en nuestro país, entre muchas otras cosas, se establecen los tipos de reuniones (juntas directivas, comités ejecutivos o asambleas) que deben celebrarse para que sean válidas las resoluciones de los miembros dueños o de los funcionarios que la administran. Las asambleas son eventos importantes pues son responsables por la designación de funcionarios, por la disposición o adquisición de activos, por la celebración de convenios para adquirir deudas, por la aprobación de los planes a mediano y largo plazo y de los presupuestos anuales, así como por la aprobación de resultados.

Gerencia de la Corporación

La gerencia o administración de una corporación se lleva a cabo a diferentes niveles tanto por sus accionistas como por sus directores y sus funcionarios o ejecutivos. Algunas veces los títulos de "directores" nos pueden confundir pues, con frecuencia se le asignan a personas que caen en una de las tres categorías anteriores. Igualmente ocurre con los títulos de presidente o de vicepresidente. Esto se debe a que no hay una línea definida para asignar títulos. En una empresa pequeña sus accionistas normalmente son los que dirigen el día a día por lo que tienen asignada una función directora y una función ejecutiva, por ejemplo, uno de ellos se ocupa de las operaciones, otro de las finanzas, igual que si fuesen gerentes de operaciones o de finanzas o vicepresidentes de las mismas funciones. Esto no ocurre en las empresas grandes en las que las funciones están estrictamente diferenciadas.

Accionistas:

Los accionistas de una empresa comercial tienen ciertos derechos que los capacitan para alzar su voz y ejercer su voto en reuniones legalmente autorizadas. Los votantes autorizados deben aparecer en persona, o enviar apoderados autorizados mediante un poder, para ejercer tal derecho. Las decisiones, normalmente, se toman por simple mayoría (a menos que los estatutos especifiquen otra cosa) y lo que apruebe esa mayoría es obligante para la corporación. Esta, a su vez, es la propietaria de todos los activos – no los accionistas – pero estos últimos tienen ciertos derechos sobre la propiedad; es decir, sobre su parte proporcional de los dividendos declarados y pueden obligar a que se hagan estas declaraciones si los directores las omiten al final de un ejercicio. Al disolverse la corporación, los accionistas tienen el derecho sobre una proporción de los activos de acuerdo a su proporción accionaria. Adicionalmente, los accionistas están autorizados a inspeccionar los registros de la empresa, es decir, ejercen el derecho que tiene todo dueño de inspeccionar su propiedad.

Se dice que la responsabilidad del accionista es "limitada" puesto que ordinariamente no se le exige aportar sumas adicionales una vez que la corporación ha recibido la cantidad originalmente suscrita. Sin embargo, esta responsabilidad limitada se le niega bajo ciertas condiciones, por ejemplo, si la capitalización de la empresa fue inadecuada al ser formada o si los activos de la corporación se han mezclado con los de sus accionistas o si la empresa ha sido usada como una pantalla para ejercer actividades fraudulentas o ilegales. En algunos países, si una corporación carece de fondos para pagar los sueldos de sus empleados, se hace co-responsable al accionista para que enfrente esta obligación.

Directores:

Los directores son elegidos por los accionistas y su número está fijado en los artículos de incorporación. Los directores conducen los asuntos de la corporación, determinan las políticas a seguir y nombran a los funcionarios quienes tienen la obligación del manejo del día a día. Los directores son fiduciarios y los tribunales de muchos países les exigen que tengan un alto grado de honestidad, buena fe y diligencia. Algo que es de particular interés a los accionistas es el poder de los directores para la declaración de dividendos; en esto, los directores tienen una amplia discreción para decidir si hay declaración y qué proporción de las ganancias será repartida como dividendos o retenida para reservas o expansión. Sin embargo, esta discreción no es total ya que no pueden retener dividendos de mala fe o usurpar el capital corporativo puesto que, en esta área, la ley protege tanto a los accionistas como a los acreedores. En muchos artículos de incorporación se especifica claramente el período de vigencia de una persona como director el cual usualmente oscila entre dos y cuatro años.

Funcionarios:

Estos, como se dijo, manejan el día a día; es la llamada gerencia, la cual incluye a los vicepresidentes y directores de operaciones, gerentes altos y gerentes medios, y opera dentro de la autoridad y responsabilidad establecida en los artículos de incorporación y en las decisiones de la junta de directores. En la mayoría de los países, el presidente de la corporación se escoge entre los directores, pero puede ser contratado del exterior. En algunas cortes judiciales se les exige a los funcionarios estándares muy elevados puesto que reciben compensación por sus servicios, lo que no es el caso de los directores. Los funcionarios pueden ser destituidos por los directores, así como corresponde a éstos la asignación de los beneficios del funcionario bien en forma de sueldos y bonos o en otras prerrogativas. Normalmente no existe un periodo específico para que una persona ocupe una posición gerencial ya que son más bien sus resultados, su potencial de crecimiento y la existencia o ausencia de oportunidades, las que determinan los movimientos en esta área. Si las empresas, aún siendo grandes, tienen entre sus funcionarios a personas que corresponden a la misma familia de sus dueños, normalmente se dificultan las oportunidades de ascenso para aquellos que provienen de fuentes distintas al entorno familiar. Esto no ocurre en la mayoría de las grandes corporaciones en las que el fraccionamiento de la propiedad hace que no haya una familia preponderante.

Poderes Corporativos

Una corporación tiene sólo los poderes que se le otorgan; éstos pueden estar contenidos en los artículos de incorporación y pueden incluir el crear reglamentos; demandar y ser demandados; adquirir, mantener y disponer de propiedades y nombrar y establecer la compensación de sus funcionarios y agentes.

Financiamiento de una Corporación

Las corporaciones se financian mediante la emisión de acciones a cambio de dinero o propiedades (ambos conocidos como capital tangible), o mediante préstamos (deuda). Cada acción es, de hecho, un interés en los activos de la corporación lo cual se evidencia por un certificado negociable. El valor de una acción se determina no sólo por los activos netos divididos por el número de acciones emitidas, sino también por los derechos que la acompañan, es decir si puede o no votar, si la acción es ordinaria o preferida y de qué clase de preferencia se trata. Las corporaciones pueden solicitar préstamos para suplementar el capital recibido en el momento de emitir las acciones y es importante, para el que presta, la forma del valor que recibe a cambio: Los préstamos a largo plazo están respaldados por notas o bonos que pueden estar asegurados o no por hipotecas, y contienen restricciones que imponen los prestamistas para evitar que haya préstamos adicionales o que se registren aumentos salariales o declaración de dividendos si antes no se han cumplido con las obligaciones del préstamo. Luego de que una corporación ha tenido una operación exitosa, surge una tercera fuente de financiamiento: las ganancias retenidas, las cuales tienen la ventaja de que no conllevan obligaciones con entes foráneos ni diluyen el control. Si ellas representan algún problema, este es el conflicto que puede surgir en la distribución de los dividendos entre sus accionistas.

A continuación, damos un ejemplo del cuadro organizacional de una empresa típica en el que se han incluido todos sus miembros, desde sus accionistas hasta sus funcionarios menores. Este cuadro organizacional presenta las principales áreas de administración que una empresa moderna normalmente contiene para su correcto funcionamiento. Varias de estas áreas o funciones básicas serán objeto de discusión en los próximos capítulos:

ORGANIGRAMA TÍPICO DE UNA EMPRESA MODERNA

CAPITULO IX

Las Finanzas Empresariales

Cuando hablamos de una empresa comercial, en forma inmediata nuestro pensamiento se concentra en edificaciones, oficinas, equipos, maquinarias, trabajadores y servicios en general. Pocas veces la mente nos lleva a concentrarnos en el responsable de que todo esto se haya hecho posible: el recurso financiero. De forma que el recurso material original – y siempre principal en una aventura comercial – es el financiero.

En una empresa comercial, ya en funciones, este recurso es manejado normalmente por la persona de mayor responsabilidad dentro de su organización, sea ésta su presidente, su dueño o su gerente general. Sin embargo, en la medida en la que el tamaño de la empresa se hace mayor, esta responsabilidad tiene que ser transferida a un funcionario de menor nivel que el presidente pero de suficiente jerarquía en la organización para que sus decisiones y recomendaciones sean escuchadas y acatadas por todo el personal. En empresas mayores, el responsable por la política financiera es el Vicepresidente de Finanzas (VPF) y lo buena o mala que esta política pueda ser, va a determinar el éxito o fracaso de la empresa e, inclusive, su ruina o desaparición.

Lo que vamos a describir en este capítulo corresponde, en gran parte, a una sección de la obra "The Executive Course". Tal sección recibe el nombre de "Financial Management" y fue escrita por el profesor James C. Van Horne de la Escuela de Post-Grado de Administración de Empresas de la Universidad de Stanford.

Las funciones que desempeña el VPF son varias; sin embargo, la mayoría cae bajo dos campos bastante amplios: 1) La asignación de fondos para los proyectos o activos de la empresa y 2) La obtención de fondos para su funcionamiento, provengan éstos de los dueños, de los recursos generados por la misma empresa o del mundo exterior: acreedores comerciales, banqueros, arrendatarios de bienes muebles o inmuebles de la empresa, prestamistas a mediano o largo plazo y por los que adquieren sus acciones en el mercado de valores. Los fondos así logrados se transforman en dinero efectivo para cumplir con las obligaciones inmediatas de la firma, o en valores adquiridos, o en cuentas por cobrar a los clientes o usuarios de los servicios eventuales de la compañía, o en inventarios usados para facilitar la producción de bienes o prestación de servicios. Ahora bien, el flujo de estos fondos, desde las fuentes en donde se generan, hasta los usos que se le asignen, no es cosa del azar sino que debe estar íntimamente ligado a los planes, objetivos y presupuestos aprobados por las máximas autoridades de la empresa. Es entonces el VPF el encargado de que estas asignaciones financieras cumplan con esos planes, objetivos y presupuestos, los cuales pueden ser muchos y muy variados, pero en la mente de los encargados de las decisiones financieras sólo un norte debe prevalecer y representar la base conceptual de las finanzas: toda asignación de recursos para un plan o proyecto determinado debe, bajo sanas bases analíticas, maximizar el beneficio económico de los accionistas.

El valor de mercado de las acciones de una empresa refleja el convencimiento o no que cualquier inversionista pueda tener acerca de los riesgos de la inversión y del retorno esperable sobre el capital en riesgo, en relación con otras oportunidades de disposición de su dinero. Por ello, el principal elemento en las decisiones financieras del VPF y su grupo lo representa el Valor Agregado que esa decisión de adquisición o disposición de fondos pueda tener para la empresa. Las técnicas modernas de evaluación financiera, a disposición de inversionistas y sus asesores, les permiten determinar con claridad si las decisiones financieras de una empresa determinada – además del tipo de producto o servicio y del mercado en donde se maneje – crean o destruyen valor.

Funciones del VPF

Las funciones principales de un responsable de finanzas al más alto nivel en una empresa son las siguientes:

Manejo del Activo Corriente

Como veremos en un capítulo posterior, al describir los tipos de estados financieros que se manejan en una empresa, se conocen como "Activos Corrientes" aquellos bienes poseídos por la empresa que pueden ser convertidos en efectivo en el término máximo de un año. Es obvio que los más "líquidos" en esta categoría son el dinero en efectivo que pueda tener la firma en los bancos y los valores que puedan ser mercadeados sin que estén atados a disposiciones de tiempo u otras condiciones. Este tipo de activo representa la liquidez de la empresa y, mientras mayor sea esta liquidez menor será el riesgo financiero que pueda enfrentar ya que recursos líquidos dan mayor flexibilidad. No obstante, la mera posesión de una cantidad muy grande de recursos líquidos puede resultar un inconveniente pues hay que pensar en el costo de oportunidad; es decir, en la posibilidad de que el dinero que no está en uso pueda rendir menos que el que se dedique a usos potencialmente más atractivos. En todo caso, y como veremos, los fondos líquidos, para que puedan ser conservados en esa categoría, deben tener un rendimiento menor que el costo de capital de la empresa, es decir, de lo que le cuesta a la empresa solicitar dinero ante entes financieros.

Manejo del Efectivo y de los Valores

Este manejo comprende la gerencia de los fondos de la firma con el propósito de contar con su oportuna y máxima disponibilidad, y el mejor rendimiento posible a través de los intereses que genere. Un aspecto importante en el manejo del efectivo es la aceleración de los cobros por los productos vendidos o los servicios prestados por la empresa. Este aspecto de cobro difiere de lo que plantearemos posteriormente como "Cuentas por Cobrar". En esta aceleración lo que consideramos es la reducción del tiempo transcurrido entre el momento en que los clientes pagan sus facturas y el momento en que sus cheques se hacen efectivos en la cuenta bancaria de la empresa. Por otra parte, en lo que atañe a desembolsos, la idea podría ser contraria: el control eficiente se traduce en retardar los pagos, dentro de la legalidad y las costumbres comerciales, lo que se puede lograr negociando más días de crédito, si es que esto es posible, ya que perjudica a los suplidores, y, dependiendo de la posición que la empresa pueda tener frente a éstos, o la disposición de los suplidores para dar tales concesiones. En síntesis, la idea es retardar en lo posible los pagos y acelerar el proceso de hacer efectivo los cobros. El exceso de efectivo que se pueda tener en un momento dado, por encima de los niveles requeridos por la empresa para sus transacciones, podría ser invertido en valores. En este renglón, y dependiendo de las oportunidades de la empresa y del sitio en donde se encuentre radicada, pueden estos valores ser la adquisición de acciones, de bonos del tesoro o de otras corporaciones, o la compra de divisas extranjeras cuando se trabaja en economías inestables, con posibilidades de devaluaciones, o cuando los suministros de la empresa se tienen que adquirir en divisas distintas de las del país de funcionamiento de la firma.

Manejo de las Cuentas por Cobrar

Las políticas que aplican al crédito que ofrece una empresa, o de cobros a sus clientes reales o potenciales, pueden afectar la demanda de sus productos o servicios. La flexibilidad en los días de crédito o tasas de interés a cobrar, pueden estimular las ventas y los ingresos potenciales, lo que debería traer mayores beneficios económicos. No obstante, una política muy abierta puede generar inconvenientes al permitir la entrada de "clientes marginales", es decir clientes con hábitos de pago más lentos, o clientes totalmente morosos, lo que representa una carga financiera para la empresa y un riesgo adicional de que muchas cuentas se conviertan en incobrables. El VPF debe revisar este renglón con mucho cuidado porque mientras más largo sea el período de cobro, mayor será el dinero invertido en el renglón de "Cuentas por Cobrar" y mayor el costo financiero de la empresa. Por ello, hay que establecer para cada empresa, el punto de equilibrio entre el beneficio asociado con mayor volumen de ventas versus el costo adicional de las cuentas por cobrar y de las cuentas incobrables. La figura que sigue, Gráfico 9.1, tomada de la obra "Financial Management" del profesor James C. Van Horne, ilustra este equilibrio a través de sus cuatro gráficos los cuales establecen la relación entre la calidad de las cuentas por cobrar frente a diversos factores. Como vemos, la calidad de los cuentas por cobrar está en los cuatro gráficos. En ellos esta calidad está representada en el eje de las abscisas con las mejores cuentas por cobrar hacia la parte izquierda del eje y las peores hacia la derecha. Como vemos, mientras más se relajen los estándares de crédito mayor puede ser el volumen de ventas lo cual puede ser beneficioso para la empresa si los factores de costo han sido tomados debidamente en cuenta. Sin embargo, vemos que mayor flexibilidad provoca tiempos más largos de cobro. De igual manera, mayor flexibilidad trae un incremento en las cuentas incobrables por lo que hay que buscar ese punto que nos de una política crediticia óptima. Esto último aparece en el último grafico identificado como el punto X. Es por esto que una obligación del departamento financiero de una empresa es investigar a fondo el historial crediticio de un cliente potencial para evitar riesgos innecesarios. Todo esto forma parte de la política financiera establecida y continuamente revisada por el Vicepresidente de Finanzas o el ejecutivo que haga las veces.

Gráfico 9.1

Calidad de las Cuentas por Cobrar en una Empresa Comercial

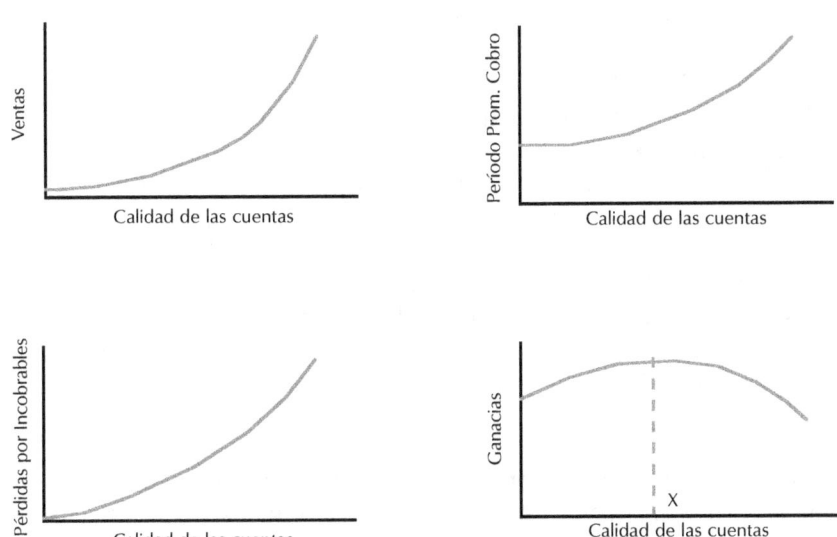

Manejo del Inventario

En muchas empresas esta actividad no está directamente bajo la responsabilidad del VPF; sin embargo, la mencionamos aquí porque el dinero que esté comprometido en inventarios es capital amarrado, de manera que el VPF debe tener mucho que ver con la asignación de fondos para este propósito y con el nivel de los inventarios en relación con las necesidades de producción o prestación de servicios. En una situación de altos intereses, normalmente se ejerce gran presión para un control estricto de los inventarios puesto que, mientras mayor sea el costo de oportunidad de los fondos que allí se encuentren invertidos, menor debería ser el nivel de los inventarios siempre que no se ponga en peligro la actividad productiva de la firma. Es indudable que el renglón inventario es mucho más importante en empresas manufactureras que en las que prestan servicios. Cuando hay necesidad de bajar los inventarios existen varias modalidades cuyo éxito dependerá del ambiente existente en cuanto a relación con suplidores, además de la ya mencionada oportunidad de inversión de los recursos asignados. Con respecto a los suplidores, normalmente se ejerce presión para entregas rápidas o para que, dentro de lo posible, mantengan los renglones a entregar en sus propios libros o almacenes, de manera de hacer los desembolsos justo cuando sean necesarios, en una modalidad de data reciente conocida como "just-in-time" que ha alcanzado gran difusión y popularidad.

Inversiones de Capital

Toda empresa está continuamente tomando decisiones sobre nuevas inversiones de capital bien sea por expansiones, nuevas líneas de producción o como reemplazos de activos existentes. Al igual que en el caso de los inventarios, un nuevo proyecto significa amarrar capital el cual debe tener un rendimiento superior a las oportunidades pasivas que la empresa pueda tener en un momento dado; es decir, la simple inversión fuera de su actividad natural. Para tomar estas decisiones en forma segura, el VPF recurre a métodos analíticos conocidos que dan como resultado lo que se conoce como "Tasa de Retorno" de la inversión.

Al realizar una inversión de capital, toda firma incurre en un desembolso de caja con la expectativa de lograr ingresos de caja futuros que justifiquen tal acción. Los métodos analíticos lo que hacen es estimar cuáles van a ser tales ingresos futuros, y compararlos con el desembolso presente. Los más difundidos y aceptados son el del "Valor Presente Neto" (VPN) y el del "Tasa Interna de Retorno" (TIR).

Valor Presente Neto

Este método se define matemáticamente como:

$$VPN = X_0 + \frac{X_1}{(1+K)} + \frac{X_2}{(1+K)^2} + L + \frac{X_n}{(1+K)^n}$$

En donde VPN es el Valor Presente Neto, Xo representa el desembolso de caja inicial (en el tiempo to), X1 el flujo de caja recibido al finalizar el periodo t1 – normalmente al finalizar el primer año -, y Xn, el flujo de caja recibido al finalizar el periodo tn, normalmente el último año para el cual se realiza el ejercicio analítico.

El VPN se estima casi siempre en periodos de cinco o diez años; sin embargo, en proyectos de gran inversión y de largo tiempo de recuperación, como por ejemplo las correspondientes a los proyectos de conversión del petróleo pesado de la Faja del Orinoco en Venezuela, el período normalmente se alarga a veinte o veinticinco años. Los flujos de caja (en otras palabras, el dinero que ingresa o egresa en la vida del proyecto), pueden ser positivos o negativos, es decir, en un período determinado, el proyecto de inversión puede requerir no sólo la inversión inicial sino un plan de inversiones escalonadas en el tiempo, o puede ser que las condiciones bajo las cuales se analizaron estos flujos cambian y se requiere de mayor dinero para que se mantenga. En la ecuación anterior, **K** es la tasa requerida de retorno de tal inversión para que sea viable frente a las oportunidades de la empresa de hacer rendir su dinero. En el resultado final del VPN, si éste resulta cero o positivo, el proyecto se acepta pues cumple con ambas condiciones como son: tener una tasa de retorno igual o superior a la exigida, y crear valor para la empresa pues si resulta positivo, todo lo que quiere decir es que al final del periodo de cinco, diez o veinte años, el proyecto proporcionará más dinero a la empresa que la simple inversión a la tasa de retorno **K**.

La tabla que sigue – presentada en forma de Excel – presenta un cálculo real realizado para un proyecto de inversión de capital en una clínica de Caracas. La inversión, estimada originalmente en 2000 millones de bolívares (año 2004), consistía en una moderna unidad para la exploración y reparación de vías coronarias en pacientes con problemas de esa índole o que estuviesen en procesos de infartos al corazón. La inversión fue compartida por los propietarios de la clínica (51%) y un grupo de médicos que actuaron como inversionistas (49%). El proyecto contó con un financiamiento del 70% dado por una entidad financiera para ser repagado en el periodo de tres años. El corto período de repago se debía a la misma naturaleza del proyecto tomando como base los flujos de caja que generaría cada semestre, el número potencial de pacientes, el costo de los procedimientos para los pacientes y los costos involucrados en operar. En este último caso se incluyeron los de mantenimiento, personal y repago del préstamo, entre los principales.

Tabla 9.1

Calculo del VPN en un Proyecto de Unidad Cardiológica

Bases			Sem1	Sem2	Sem3	Sem4	Sem5	Sem6	Sem7	Sem8	Sem9	Sem10
	Costo Total	2.000.000.000,00										
	Financiamiento	1.000.000.000,00										
	Aportes Socios	800.000.000,00										
	Tiempo Financiamiento	6 semestres										
	Costo fijo Semestral		163.200.000	163.200.000	214.048.800	202.828.099	207.140.599	128.154.300	128.154.300	128.154.300	128.154.300	128.154.300
	Costo Variable		1.237.500.000	1.237.500.000	1.428.000.000	1.428.000.000	1.775.616.000	1.775.616.000	2.130.739.200	2.556.887.040	3.068.264.448	3.681.917.338
	Base Costo Unit. Est.		6.250.000	6.250.000	6.800.000	6.800.000	7.398.400	7.398.400	8.878.080	10.653.696	12.784.435	15.341.322
	Estudios por Día		1,1	1,1	1,2	1,2	1,3	1,3	1,3	1,3	1,3	1,3
	Estudios por Mes		33	33	35	35	40	40	40	40	40	40
	Estudios por Semes		198	198	210	210	240	240	240	240	240	240
	Precio Estudio		8.200.000	8.200.000	9.020.000	9.020.000	9.922.000	9.922.000	10.866.770	13.040.124	15.648.149	18.777.778
	Amortización Préstamo		219.936.120	219.936.120	219.936.120	219.936.120	219.936.120	219.936.120	0	0	0	0
Flujo de Caja Sem.	Ingresos Proy.		1.623.600.000	1.623.600.000	1.894.200.000	1.894.200.000	2.381.280.000	2.381.280.000	2.608.024.781	3.129.629.737	3.755.565.684	4.506.666.821
	Otros Ingresos		600.000.000	600.000.000	600.000.000	600.000.000	600.000.000	600.000.000	600.000.000	600.000.000	600.000.000	600.000.000
	Egresos Proy.		1.620.636.120	1.620.636.120	1.861.984.920	1.864.984.920	2.198.380.219	2.202.692.719	2.258.893.500	2.685.041.340	3.196.418.748	3.810.071.638
	Otros Egresos		561.600.000	561.600.000	561.600.000	561.600.000	561.600.000	561.600.000	561.600.000	561.600.000	561.600.000	561.600.000
	Fide Caja Semest.		41.363.880	41.363.880	70.615.080	67.615.080	221.299.781	216.987.281	387.531.281	482.988.397	597.536.936	734.995.184
	Flujo de Caja Acum		41.363.880	82.727.760	153.342.840	220.957.920	442.257.701	659.244.982	1.046.776.263	1.529.764.660	2.127.301.596	2.862.296.780
ROI			7%	14%	25%	37%	74%	110%	174%	255%	355%	477%
VPN@25% (5 años)	195.929.557											
Tasa Interna de Retorno												

La ventaja de usar herramientas como el Excel es la posibilidad de hacer variaciones – así llamadas sensibilidades – en los factores originalmente presupuestados (número de pacientes por mes, precio de los procedimientos, inflación que pudiese afectar el renglón de costos operacionales, etc.) Las condiciones originales se conocen con el nombre genérico de "Caso Base".

Tasa Interna de Retorno (TIR)

Se conoce como tal a la tasa de interés que hace que el Valor Presente Neto sea cero, es decir, aquella tasa que iguala la suma de los flujos descontados cada año, positivos o negativos, con el valor inicial de la inversión. Normalmente esta tasa se calcula mediante el método de ensayo y error hasta dar con aquella tasa **K**, en la ecuación anterior, que hace que el VPN sea igual a cero. Al hacer variar la tasa de descuento **K** en la ecuación, podemos observar que si comenzamos dándole un valor igual a cero, resultará que el VPN será simplemente la suma algebraica de los ingresos y egresos del proyecto. Esto nunca puede ser el VPN del proyecto o inversión porque deja a un lado el valor del dinero, representado, precisamente, por ese factor **K**. Al irle dando valores positivos a la tasa *k*, vemos que habrá una disminución en el valor resultante del VPN, lo cual es lógico porque no es lo mismo una suma de dinero recibida en el presente que una recibida en cualquier tiempo futuro.

En base a lo anterior, podemos definir la Tasa Interna de Retorno (TIR) como aquella a la cual se descuentan los flujos de un proyecto o de cualquier inversión de capital para lograr que ellos igualen al desembolso inicial. Si, por definición, tomamos que tal desembolso inicial (Xo), ocurre en el tiempo to, podemos calcular la tasa interna de retorno **r,** o TIR, mediante la ecuación:

$$X_0 + \frac{X_1}{(1+K)} + \frac{X_2}{(1+K)^2} + L + \frac{X_n}{(1+K)^n}$$

El gráfico que se presenta a continuación, permite ver las relaciones entre el VPN y el TIR. El VPN se encuentra en el eje de las ordenadas y el TIR en el de las abscisas. Cuando la tasa de descuento es igual a cero, como ya hemos dicho, el VPN será simplemente la suma algebraica de los flujos en los períodos posteriores sin que se tome en cuenta el valor del dinero en el tiempo. Cuando la tasa de descuento es positiva, el VPN del proyecto, como es de esperar, comienza a disminuir, de tal forma que, si seguimos aumentando la tasa, llegará un momento en el gráfico en el que el VPN cruzará la coordenada horizontal, es decir, se hará cero. Por definición, ese punto en el eje de las abscisas correspondiente a un VPN cero es la Tasa Interna de Retorno o TIR del proyecto. Esto es muy importante por lo siguiente: Supongamos un proyecto de capital cuyo financiamiento, combinado con el impacto de la inflación estimada en el tiempo, nos proporciona un costo de capital del 10%. En ese caso, si el TIR resultante es menor al 10%, el proyecto no es viable económicamente puesto que se obtendrán beneficios inferiores a sus costos. Inclusive, si nuestro cálculo nos da valores del TIR superiores al 10% pero muy cercanos a este, hay que pensarlo muy bien porque las condiciones pueden variar en el futuro, los costos pueden ser superiores y los beneficios pueden ser menores. Esto es lo que se conoce como "factor de riesgo", el cual más que producto de un cálculo exacto, resulta de una apreciación de diversos factores, la mayoría psicológicos. En el caso que nos ha servido de ejemplo en la tabla 9.1, aún descontando los flujos anuales a la tasa del 25%, el VPN nos da positivo, lo que quiere decir que, bajo las condiciones analizadas, el proyecto puede aguantar una pérdida del valor del dinero de 25% cada año y aún es viable económicamente.

Gráfico 9.2

Variación VPN con la Tasa de Descuento

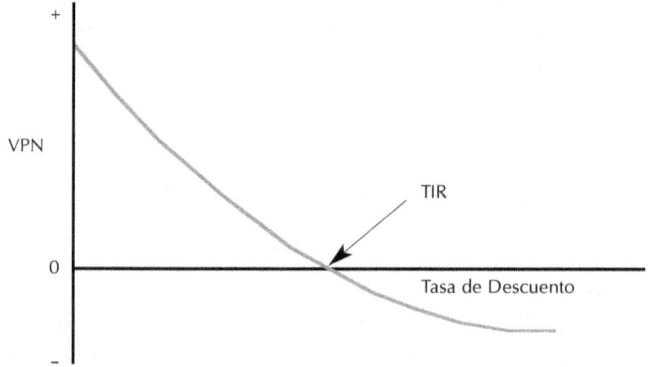

En adición a los métodos anteriores, llamados de Flujo de Cajas Descontados, con frecuencia se hace el cálculo del llamado Tiempo o Período de Retorno de la Inversión, o sea el número de años que tarda un proyecto para que sea recuperada la inversión inicial. Este factor se calcula, simplemente, dividiendo el desembolso inicial entre los flujos de caja acumulados durante el período en el que el capital se está recuperando. Si, por ejemplo, los ingresos anuales estimados de un proyecto son de 100 millones de bolívares en el período de 10 años, y el desembolso inicial de 400 millones, el Período de Retorno es de 400/100 = 5 años. Los resultados de este sencillo método pueden ser engañosos puesto que no se está tomando en cuenta el momento real en que se presentan los flujos de caja ni aquellos que van mas allá del periodo considerado; sin embargo, es bastante satisfactorio para dar ideas sobre la liquidez de un proyecto y sobre los riesgos que pueda tener.

Riesgos

En la discusión que antecede hemos mencionado varias veces la palabra riesgo y lo hemos hecho porque no hay método analítico que permita prever los acontecimientos futuros. Normalmente, para alimentar las ecuaciones de VPN o de TIR se usa la experiencia, pero no siempre ésta es una herramienta útil puesto que el futuro no es necesariamente una proyección del pasado. En el capítulo sobre Planificación Estratégica nos extenderemos sobre estos temas cuando presentemos el método de planificación bajo escenarios. Sin embargo, aún este método no es capaz de darnos luces sobre lo que le puede pasar a una inversión de capital ya que las condiciones políticas del medio en el que nos desenvolvemos – y con ellas las económicas – pueden ser totalmente distintas en el futuro de las que se viven en el momento de hacer los cálculos analíticos de una inversión determinada. Adicionalmente, aunque los factores políticos sean los esperables, pueden cambiar radicalmente las preferencias de los consumidores o pueden aparecer nuevos productos que hacen obsoleto el que produce la firma.

Un caso que vale la pena mencionar es el de la inmensa cantidad de dinero que se invirtió en el mundo en la exploración y producción de petróleo luego del alza colosal en los precios producto del embargo del año 1973 y de los acontecimientos en Irán en 1979. Para el momento de ese "shock" petrolero (1973), el barril de crudo de mejor calidad se cotizaba en algo más de 2,0 dólares. En el espacio de semanas subió a

12,70 dólares y se mantuvo allí por alrededor de cuatro años. Este "shock" tomó por sorpresa a las economías del mundo desarrollado y de las del no desarrollado que no producían petróleo y logró encarecer todo tipo de productos, creando una ola inflacionaria hasta ese momento desconocida. Pero aún faltaba lo peor; en febrero de 1979, una revolución comandada por clérigos en Irán, derrocó al Sha Palevi, y cerró la producción de algo más de 5 millones de barriles de petróleo por día. Este nuevo efecto provocó que el precio del petróleo crudo llegara a valores de 40 dólares por barril, afectando no sólo a las economías del mundo – basada hasta ese momento en un bajo costo de energía – sino creando la sensación de que había realmente una crisis energética. Visto en proporción, el precio alcanzado a finales de los setenta y principios del los ochenta, medido en dólares del año 2005, representaba un valor de $ 90 por barril. Tanto las empresas privadas, como los gobiernos productores de petróleo, frente a lo que se pensaba que era una crisis energética, comenzaron una carrera de inversiones para elevar la capacidad de producción y aprovechar la bonanza de los altos precios. Esta acción permitió incrementar el suministro pero los precios comenzaron a bajar porque los consumidores, ante la carga económica representada por el petróleo, tomaron medidas de sustitución y de conservación. Un caso de sustitución que vale la pena mencionar, porque afectó directamente a los mercados petroleros venezolanos, fue el regreso de los grandes consumidores de combustible residual de alto azufre para calefacción y generación eléctrica en los Estados Unidos, al carbón, práctica que habían abandonado en los años cincuenta ante el bajo precio y la comodidad de usar derivados petroleros. La conservación energética de la época se planteó en varios frentes: autos más eficientes, mayor aislamiento en las construcciones, etc. El resultado de todo esto – no previsto en los cálculos de los proyectos de inversión por los productores – fue que la caída que se comenzó a presentar en los precios entre los años 1981 y 1982, afectó las economías de tales proyectos haciéndolos ahora inviables. Pero el dinero ya había sido comprometido. Para 1985 los precios casi se asemejaban a los que se habían presentado antes del "shock", e inclusive menores si se los descontaba por inflación. Para Venezuela esto representó, entre otras cosas, la irrupción de la devaluación, en 1983, en lo que se llamó "El Viernes Negro", no por las fuertes sumas de dinero gastadas en los nuevos proyectos petroleros, sino por pensar nuestros gobernantes que la situación de precios altos se iba a mantener por un tiempo prolongado. Más allá de las decisiones políticas internas, en el mundo actual la subida de los precios que se ha registrado de nuevo entre los años 2000 y 2005 – hasta llegar a niveles del orden de 70 $/barril – ha llevado a una gran cautela en la acometida de proyectos que permitan incrementar el suministro.

La mejor manera de medir el riesgo en un proyecto de inversión de capital es mediante la distribución probabilística de los eventuales desembolsos futuros. Normalmente, cuando se hacen cálculos sobre la bondad de un proyecto, la alta gerencia le pide al VPF, o a quien haga sus veces, que presente casos adicionales con estimados más y menos optimistas que el caso base, y un estudio probabilístico de la eventual ocurrencia de unos u otros. Esto se hace tomando la información dada por el VPN y distribuyéndola de acuerdo a ciertas asunciones. El grafico 9.3, que se presenta a continuación, muestra la distribución probabilística de dos proyectos hipotéticos. Como podemos ver, el proyecto A tiene un VPN – señalado por la letra A en el eje horizontal del grafico - con una distribución probabilística más estrecha que la presentada por el proyecto B, el cual tiene un VPN mayor. Es cierto que ambos proyectos tienen la probabilidad de un VPN igual a cero, pero esta probabilidad es mayor en el caso del proyecto B. Haciendo este análisis comparativo, puede la alta gerencia tomar decisiones sobre la aceptabilidad de ambos proyectos, de solo uno de ellos o de ninguno. Puede concluirse que, mientras mas incierto luzca el futuro, mayor será la necesidad de usar estos métodos probabilísticos.

Gráfico 9.3

Riesgo Probabilística de Dos Proyectos Hipotéticos

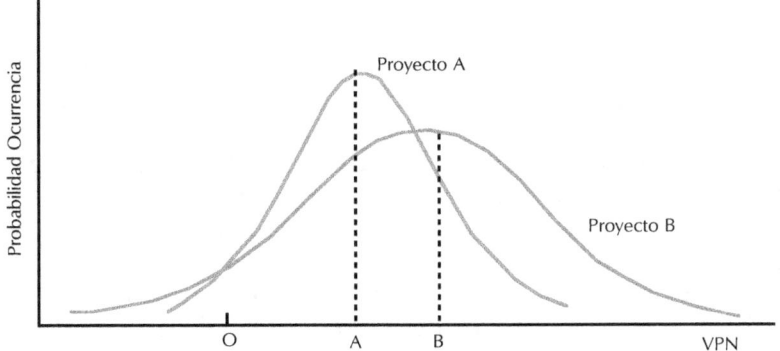

Costo Promedio del Capital de una Empresa

Un factor importante en el financiamiento de un proyecto de capital es el costo de la deuda de una empresa. Este costo se expresa como el de un nuevo préstamo multiplicado por un factor **(1-ti)** en donde **ti** es la tasa aplicable de impuesto. Por ejemplo, si una empresa puede pedir prestado a una tasa de 7%, y su tasa impositiva es de 28%, su costo de la deuda para ese proyecto específico es, después de impuestos:

$$0,07 \ (1- 0,28) = 5\%$$

En general, para calcular el Costo Promedio del Capital de una empresa, lo primero que se hace es medir los costos de cada componente individual de su deuda. Para ello, se hace una ponderación de acuerdo a las diferentes fuentes de financiamiento usadas. Por ejemplo, si la empresa desea usar un 60% de su propio dinero o "equity" y buscar financiamiento para el 40% restante, los costos respectivos, después de impuestos, serán:

Inst	%	Costo Desp Imp	Cost Pond
Equity	60	16% (1)	9,6 %
Financ	40	5%	2,0 %
Total			**11, 6%**

(1) Este valor particular – que no es más que el retorno del capital propio - se calcula en una empresa para la que los dividendos se espera que crezcan a un 8% con un dividendo inicial de $ 2,0 por acción y un precio de mercado de la acción de $ 25,0.

Todo lo anterior, se resume en lo siguiente: Para que un proyecto sea viable debe agregar valor, o sea que debe exceder – en su rendimiento anual – el costo promedio del capital de la misma. Si no cumple con esta condición, debe desecharse o modificarse. En el caso que analizamos arriba, un incremento en la proporción financiada bajaría el costo ponderado ya que el costo de los intereses del financiamiento, como se ve, es menor que el rendimiento que tiene la empresa en sus propias acciones o inversiones, por lo que no tendría sentido para ésta dejar de percibir este interés para invertir ese dinero en un proyecto que promete menos.

Tasas de Retorno en la Valoración de una Inversión o de una Empresa

Veamos ahora las cosas desde el lado del inversionista en acciones de una empresa: Los beneficios que logra con la propiedad de una acción en el mercado bursátil tienen dos fuentes; por una parte están los dividendos que son recibidos al final de cada período, los cuales pueden ser distribuidos anual o trimestralmente, y - quizás lo que es más importante - el incremento o disminución del valor de tal acción durante el período en el que se la posee. Este último aumento o disminución de valor en relación con el costo de haberla adquirido, sólo se manifiesta en el momento de venderla. Para muchos accionistas, sin embargo, es el nivel de dividendos lo que les permite conservar la propiedad, por ello, estarán siempre pendientes de la tasa esperada de retorno **r** de esa inversión la cual pueden calcular mediante la ecuación:

$$P_0 = \sum_{t=1}^{\infty} D_t(1+r)^t$$

En donde **Dt** es el dividendo al final del periodo **t**; ∞ es el signo de infinito y Σ (sigma) representa la suma de los dividendos desde el periodo **t** hasta el infinito, descontados a la tasa **r**. Si se tiene la expectativa de que los dividendos van a crecer a una tasa constante **g**, la ecuación se convierte en:

$$P_0 = \frac{D_1}{(r-g)}$$

Para entender esta relación, si en una acción bursátil, el dividendo a ser pagado en el primer año, y de allí en adelante, es 3 dólares, y la tasa requerida de retorno es 15%, con una tasa de crecimiento **g** de 10%, el resultado de aplicar la ecuación anterior nos daría:

$$Po = \$ 3.0 / 0{,}15 - 0{,}10 = \$ 60.0$$

Si reordenamos la ecuación:

$$r = (D1/Po) + g$$

En esta discusión, la asunción básica es que los dividendos por acción deben crecer a perpetuidad a una tasa compuesta **g**. En general, es razonable pensar que una empresa estable debe crecer a la misma rata de la economía del mercado en donde funcione. Esta asunción está, en el presente, bajo fuerte presión pues si observamos las empresas del ramo tecnológico o las farmacéuticas que operan a nivel mundial, vemos que muchas de ellas (caso Microsoft) han crecido en los últimos anos a una tasa muy superior al de la economía por el tipo de producto que ofrecen. Una regla que siempre parece cumplirse es la de que el crecimiento de las empresas es siempre mayor en los primeros años para luego alcanzar un período de estabilización seguido de franco deterioro. Todo esto si no son capaces de enfrentar con éxito a sus competidores, bien dentro del mismo mercado o por aventurarse en nuevos mercados con diferentes productos.

Medida del Riesgo de una Acción Bursátil

El riesgo inevitable de una inversión en la Bolsa de Valores – acción o bono – se mide mediante el Coeficiente Beta de esa acción. Por ejemplo, si una acción o bono tiende a subir un 15% cuando el mercado en promedio sube un 10%, y a bajar 15% cuando el mercado baja 10%, se dice que su Coeficiente Beta es 15/10 = 1,5. De esta forma, mientras mayor sea el valor de este coeficiente, mayor será el riesgo financiero de poseerla y mayor el retorno – en términos de tasa de interés – que se le exigirá. Así, para una acción particular **j**, o para un bono, la Tasa Esperada de Retorno **Rj** será:

$$Rj = i + (Rm - i)\ Beta\ j$$

Donde **i** es la tasa libre de riesgos, **Rm** el retorno esperado por el portafolio en el mercado y **Beta j** el Coeficiente Beta de la acción **j**.

Como vemos de lo expuesto, la tasa a la que se espera que rinda una acción es igual a la tasa libre de riesgos más un "Premium" que le añade su riesgo. En este caso, la tasa libre de riesgos es la misma tasa que rinde cualquier acción en el corto plazo.

Supongamos que en un mercado en particular en el que las acciones a corto plazo rinden un 9% y el mercado en general (corto y largo plazo) rinden un 15%. En este caso nos encontramos con una empresa **X** cuyas acciones poseen un Coeficiente Beta de riesgo de 1,25. Esto nos indica que esta empresa tiene un riesgo sistemático mayor para el eventual accionista. Si este desea saber cuál tasa de rendimiento mínimo le exigiría, puede aplicar la formula anterior con el siguiente resultado:

$$Rx = 0,09 + (0,15 - 0,09)\ 1,25 = 16,5\%$$

Al igual que existe factor o Coeficiente Beta para las acciones de una empresa, también existe el mismo coeficiente – dentro de la misma empresa – para estimar los riesgos de inversión en diferentes proyectos.

Tipos de Financiamiento

Los financiamientos disponibles pueden ser de corto, mediano y largo plazo. Entre los de corto y mediano plazo se encuentran el manejo del crédito interno, tanto el que se otorga como el que se obtiene de suplidores, lo que antes llamamos las cuentas por cobrar y por pagar. Adicionalmente, los papeles comerciales que son beneficiosos puesto que, normalmente, su rendimiento es inferior al interés que se debe pagar a un banco.

Entre los de mediano plazo se encuentran las líneas de crédito concedidas por los bancos lo cual no es más que un compromiso de prestar hasta una cierta cantidad de dinero por un período de varios años. Esta forma impone ciertas restricciones llamadas "protective covenants", mediante las cuales cualquier incumplimiento del deudor puede acarrear acciones correctivas. Otro mecanismo de mediano plazo muy usado es el "lease financing" de difícil traducción pero que se puede describir como un acuerdo entre el que presta el dinero y el que lo recibe para aprovechar al máximo los beneficios impositivos de la propiedad y el uso del bien que se somete a "lease", es decir a alquiler para el usufructo. Así, el que presta el dinero conserva la propiedad del bien y el que lo recibe usa el bien – puede ser una maquinaria o un proyecto entero – por un período determinado, pagando los montos acordados. Al cabo de la finalización del "léase", debe regresar este bien o adquirirlo a perpetuidad por una suma o proporción normalmente pre-establecida al principio.

Los instrumentos de financiamiento a largo plazo normalmente caen bajo el denominador común de los valores que la empresa emite, sean bonos o acciones – preferidas, convertibles o comunes -. Si el financiamiento incluye una oferta pública, la empresa usa los oficios de una firma de inversiones "investment banking" tal como Goldman Sachs o Merryl Lynch, por ejemplo. Algunas veces, estas emisiones pueden incluir colaterales tales como hipotecas que las garanticen u obligaciones que pueden estar garantizadas o no, o subordinadas a otros acreedores. En los bonos se especifican su madurez, su rendimiento y otras características. Las acciones preferidas tienen sobre las comunes la preferencia de pago de dividendos puesto que son un instrumento híbrido de deuda. Las acciones convertibles se caracterizan porque pueden convertirse en acciones comunes, es decir en instrumentos de propiedad.

CAPITULO IX

El Elemento Comercial

Hemos arribado a uno de los elementos principales en la economía de una empresa: El comercial. Y decimos esto pues, de nada valen los recursos financieros que se vuelquen sobre una empresa, los activos que se hayan adquirido para su funcionamiento (edificaciones, plantas, equipos, materiales), y el esfuerzo de los empleados y obreros, si los productos o servicios que la empresa produce no llegan al consumidor en condiciones o precios que los hagan atractivos a su venta y que justifiquen el nivel de costos incurridos y las expectativas de ganancias que puedan agregarle valor a sus actividades. En el pasado, la función comercial se concentraba en las labores de venta; en los tiempos actuales se maneja un concepto más amplio: Mercadeo, del cual ventas es solo una parte. Desde el punto de vista de su definición, se conoce como Mercadeo al conjunto de actividades que permiten llegar al consumidor final en condiciones económicas óptimas y con ventaja sobre los competidores.

Al igual que e el capítulo anterior sobre Finanzas, la mayoría de lo que se discute en este capítulo ha sido tomado del libro "The Executive Course". En esta ocasión, la fuente es su Capítulo 1: "Marketing Management: Strategies, Tactics, New Horizons" escrito por el profesor Richard P. Bagozzi, también de la Escuela de Post-Grado en Administración de Empresas de la Universidad de Stanford.

La función de Mercadeo ha tenido altas y bajas en cuanto a su popularidad en el correr de los tiempos y, en especial, en la segunda mitad del siglo XX. Y esto se ha debido a que está influenciada por las condiciones macroeconómicas de un país o de una región determinada. Durante la segunda mitad del siglo XX, y comienzos del XXI, con el fenómeno de Globalización, los vaivenes en los métodos y la popularidad del Mercadeo, han tenido más que ver con la situación económica mundial que con la correspondiente a cada país en particular.

En tiempos de estabilidad económica, caracterizados por baja inflación y abundancia de productos, el Mercadeo adquiere supremacía pues esta estabilidad trae dos cosas asociadas: predisposición del consumidor al gasto y no al ahorro, y presencia de muchos competidores que ven en estas actitudes una mina que debe ser explotada con una oferta de productos y servicios cada vez mayor. Algo distinto se presenta cuando los tiempos se caracterizan por altos niveles de inflación, o como en los años cuarenta, cuando las realidades de la Segunda Guerra Mundial trajeron como consecuencia una aguda escasez de productos a nivel mundial. En estos casos, el Mercadeo pierde importancia ya que entran en juego otras consideraciones financieras o políticas que llevan al aparato productivo a dedicarse a otras alternativas de producción e, incluso, a la búsqueda de alternativas de suministro, tal como ocurrió con el "Shock" del mercado petrolero entre finales de 1973 y comienzos de la década de los ochenta. En el presente – 2006 – estamos viviendo un período de estabilidad y bajos niveles de inflación a nivel mundial y ello explica el énfasis actual en la función Mercadeo.

Como el Mercadeo se dirige al consumidor final bajo condiciones económicas favorables para la empresa, uno de sus esfuerzos principales se concentra en detectar cualquier cambio que pueda presentarse en el entorno capaz de afectar las predilecciones en el uso de productos o servicios de esos consumidores. Este enfoque en el consumidor es el más importante puesto que, a nivel micro, los gustos individuales de la sociedad moderna se hacen cada vez más refinados y variados. Esto ha sido entendido por el aparato productor, en particular por aquellos que ofrecen una gama de productos para las comunicaciones (teléfonos celulares), o el entretenimiento (video-juegos, discos para videos digitales), o para el trabajo diario (computadoras personales), creando segmentos diferenciados para satisfacer tales gustos y tendencias.

Estos gustos, cada vez mas variados y exigentes, han provocado una continua modificación de los mercados agregados y vemos cómo algunos emergen de la noche a la mañana hasta hacerse universalmente omnipresentes por tiempos prolongados; otros emergen de igual manera pero desaparecen al cabo de un tiempo relativamente corto, y otros desaparecen para luego, con algunas modificaciones, volver a aparecer al cabo de cierto tiempo. Son pocas de estas variaciones en el gusto del consumidor las que pueden ser previstas por una empresa. Por ello, se debe tener la suficiente flexibilidad para ajustar y reajustar los programas de mercadeo en una base cada vez más frecuente, siempre que los productos o servicios caigan dentro de las nuevas corrientes de gusto de los consumidores; en caso contrario, más que mercadeo, se debe pensar en ofrecer productos que caigan dentro de las nuevas tendencias.

Estos ajustes y reajustes se hacen aún más necesarios debido a la presencia de la competencia. En los años recientes, los rivales comerciales se han tornado cada vez más agresivos y sofisticados en una recrudecida lucha por los mismos mercados. A esta posición se han añadido mayores avances tecnológicos tanto en los productos como en los servicios. En los productos los avances han abarcado una amplia gama en su manufactura, tal como la aparición de una nueva rama, la robótica, la cual ha permitido mayor precisión y calidad con menores costos. A la vez, la competencia ha traído nuevas técnicas en el Mercadeo y en el enfoque estratégico gerencial. Frente a estos cambios en la conducta y preferencia de los consumidores, en el estilo de vida de la sociedad, en las técnicas de la competencia y en el ambiente económico, los encargados de llevar a cabo el mercadeo en una empresa se han dado cuenta de que ya no resulta suficiente la simple reacción a las fuerzas que los rodean sino que están en la continua obligación de crear nuevas estrategias y tácticas para influenciar al consumidor, contrarrestar o ponerse a la vanguardia de la competencia y manejarse en el cambiante clima económico en donde les toque actuar. En este capítulo comenzaremos con la discusión de los dos objetivos amplios que guían cualquier esfuerzo de Mercadeo. Ellos son la satisfacción de las necesidades de los clientes o consumidores y la obtención de ventajas competitivas. Discutido esto, daremos un vistazo breve a la planificación de estos esfuerzos y a su puesta en práctica.

Satisfacción de la Necesidades de los Clientes y Consumidores

Uno de los elementos fundamentales para lograr este objetivo es la investigación de cuáles son esas necesidades tanto presentes como futuras. En este sentido, las grandes empresas – en particular las que ofrecen productos o servicios de consumo masivo – invierten ingentes sumas de dinero para investigar la aceptación de sus servicios o productos actuales así como en el desarrollo de nuevas ofertas que satisfagan lo que se cree que puedan ser los gustos o necesidades futuras.

Un estudio de mercado típico involucra la investigación de cuáles son los atributos o servicios que son importantes en el presente para el consumidor y qué espera éste en los años por venir. Con esta información, se trata entonces de diseñar los productos que cumplan con esas expectativas o rediseñar o abandonar lo que ya se está produciendo. En algún momento se pensó, y hasta se difundió la idea, de que se podía producir algo y, a través de la publicidad, o mediante otro artificio de mercadeo, lograr atraer suficiente número de consumidores que garantizaran el éxito. Esta estrategia ha resultado, por lo general, fallida, y ha dado al traste con muchos esfuerzos de producción perdidos y mucho dinero dilapidado. Y se dice que, por lo general, porque en algunos casos se ha lanzado el producto al mercado sin aparente esperanza de que se pudiese convertir en un artículo deseado y ha sido el consumidor el que, con su actitud, ha garantizado un éxito total. Entre estos ejemplos, podemos mencionar el caso de los teléfonos celulares, cuya aceptación ha llevado a diseños cada vez más funcionales y aparatos capaces de cumplir con funciones que van más allá de la simple comunicación telefónica, tales como el correo electrónico, la toma de fotografías o videos, etc. Podría decirse que el éxito o fracaso en lanzar un producto al mercado, cuando no está claro que el consumidor lo necesita, está relacionado con las condiciones sociales y económicas las cuales influencian el estilo de vida de tales consumidores y lo llevan a necesidades impensables en otras circunstancias.

A través de la investigación contemporánea en el área de mercadeo se han podido poner en evidencia los mecanismos que los consumidores usan para detectar las características de los productos o servicios que se les ofrecen. Al mismo tiempo, se ha podido descubrir cómo tales consumidores organizan la información recibida y cómo sus estructuras cerebrales son capaces de influenciar sus decisiones. Estos mecanismos siguen pasos bien definidos los cuales tienen como inicio las características físicas de los productos las cuales les permiten hacer juicios subjetivos que son los que los llevan a establecer internamente sus actitudes y preferencias y pueden conducirlos a las decisiones de compra.

Análisis de Competitividad

Aunque la empresa, a través de sus investigaciones, pueda desarrollar productos que satisfagan las necesidades de sus clientes o consumidores, de nada le valdrá el esfuerzo si la competencia le ha tomado la delantera. De allí que el análisis de la competencia es tan importante en Mercadeo como los estudios sobre los consumidores, y la meta seria entonces doble: Sacar al mercado el producto o servicio que cumpla con los deseos detectados y, a la vez, tener una ventaja diferencial sobre la competencia. Esta ventaja puede ser de diversa índole: en tiempo, en calidad, en características, en precio, en condiciones de crédito, en servicio, en imagen de la marca, etc. En todo este universo de diferencias destacan tres enfoques que son los más empleados: Diferenciación del Producto, Liderazgo en los Costos y Creación de "Nichos".

La **Diferenciación del Producto** crea una imagen propia y característica para una marca determinada. Si esta diferenciación se hace como debe ser, llena una necesidad genuina e incrementa la lealtad de los consumidores por la marca. Esto es importante puesto que, una vez que los consumidores tienen la conciencia de la marca, son menos sensibles al elemento precio y menos vulnerables a las ofertas de la competencia. Hay casos históricos que se mencionan por ser productos de venta masiva a nivel mundial. En los años setenta, una empresa tan importante como la fabricante de las bebidas gaseosas Seven-Up, se dio cuenta de cómo había perdido terreno en el mercado frente a los gigantes Coca-Cola y Pepsi. Sus deliberaciones la llevaron a concluir que había que, al menos en la publicidad, crear la imagen de la diferenciación de su producto. De allí surgió la decisión de anunciar el producto como "No-Cola", es decir, algo distinto de los sabores tradicionales ofrecidos. A la vez que se diseñó una nueva campaña publicitaria, se reformuló el producto haciéndolo más atractivo al gusto de los consumidores. Su éxito fue tan grande que llevó a la competencia a sacar al mercado nuevos productos de formulación parecida al Seven-Up para aprovechar el nuevo mercado creado por aquella. Tanto en este caso, en el que se llevó a cabo una reformulación, así como en otras diferenciaciones que pueden abarcar precios, técnicas de distribución, empaques, servicios auxiliares u otras tácticas, el consumidor final debe percibir que con lo nuevo está disfrutando de beneficios reales.

Cuando se habla de **Liderazgo en Costos**, lo que se persigue es mantener en un mínimo los costos de manufactura, suministro de materiales y otros insumos, lo que puede permitir el incremento de la demanda mediante el mecanismo de precios más bajos. Si el consumidor responde positivamente, los mayores volúmenes llevan a economías de escala las cuales, a su vez, afectan los costos haciéndolos aun más bajos y permitiendo una mayor rebaja en los precios. La esperanza final de la firma es la conquista de una porción importante del mercado – lo que se llama "Market Share" -. Existen muchos ejemplos actuales de empresas las cuales, a través de estos mecanismos, han tenido un éxito notable. En los Estados Unidos destacan las empresas de ventas a descuento tales como "Wal-Mart" o "Target" las cuales están presentes en todos los rincones de ese país y que han provocado la quiebra o reducción de actividades de empresas tales como grandes distribuidoras de juguetes o de otros artículos cuya única falla ha sido estar especializadas en una sola rama de productos. El éxito de estas empresas es poder ofrecer, en un solo punto de ventas, una gran variedad de productos y servicios en una proporción tal que sus economías de escala les permiten ofrecerlos a un precio más bajo. Otro ejemplo, de naturaleza distinta, y también en el mercado norteamericano, se presentó en los años ochenta en el sector de calculadoras de bolsillo. La aparición de estos artefactos representó una novedad importante. Texas Instrument, una empresa líder en electrónica, se lanzó al mercado con la estrategia de líder en costos puesto que pudo adaptar mucho de su experiencia en otros sectores electrónicos para lograr producir calculadoras a costos menores que la competencia. Esto les permitió obtener una capitalización temprana – en lo que en economía se conoce como la "curva de experiencia" -. Esta presencia temprana en el mercado creó una imagen positiva favoreciéndose la identidad y lealtad de la marca. En el mediano plazo, y debido a que ser líder en costos no toma en consideración ninguna diferenciación de productos, la competencia pudo lograr los mismos resultados que Texas Instrument y poner en el mercado un producto diferenciado a un costo aún menor. Esto significó la debacle del negocio de las calculadoras para la empresa y la aparición de nombres comerciales en el ramo – ahora también desaparecidos – tales como Commodore, Radio Shack y Atari. En el ramo actual de las computadoras personales ha destacado la empresa Dell la cual ofrece como única ventaja el precio de sus productos.

En un plano de la competencia entre países, es innegable que el dramático crecimiento de los productos fabricados en China se debe a su liderazgo en costos. Se puede argumentar que esto ha sido posible por los bajos salarios del trabajador chino y la ausencia de beneficios que son obligantes en otras economías, pero, la realidad es que los productos chinos han desplazado en los anaqueles occidentales a miles de productos originalmente fabricados en otras latitudes.

La estrategia de **Nichos** ha sido usada desde hace bastante tiempo por empresas de diferentes tamaños. Las mayores la han usado para un sector de sus productos. Las medianas o pequeñas para la diferenciación total de lo que producen. Es una estrategia más usada por estas últimas porque les permite sobrevivir frente a sus rivales de mayor tamaño. En cierto modo, en la estrategia de Nichos se requiere un mayor esfuerzo relativo de mercadeo. En principio, estos esfuerzos deben concentrarse en la identificación del o de los segmentos en los que se desea crear el Nicho. Este último debe ser de tamaño suficiente para que garantice, a través del volumen de ventas, la recuperación de los costos involucrados y la generación de ganancias. Con frecuencia el producto, y la estrategia de mercadeo, deben sufrir modificaciones para garantizar el nivel de ganancias deseado y para estar siempre un paso delante de la competencia. Por otra parte, los productos que se mueven en nichos son mas susceptibles al cambio en los gustos de los consumidores por lo que las labores de mercadeo deben incluir un constante monitoreo para evitar sorpresas desagradables.

Planificación del Mercadeo

No existe una formula única para planificar las labores de Mercadeo. No es lo mismo planificar para entrar o permanecer en un mercado determinado en la rama energética, por ejemplo, que hacerlo para un producto de consumo masivo como lo pueden ser las pastas de dientes o los pañales para bebés. De igual manera, no es lo mismo planificar para un nuevo producto que para uno ya reconocido, o para un mercado local o regional que para uno internacional global. Existen productos cuya planificaron nunca toma en cuenta – en forma directa – al consumidor final. Tal es el caso del petróleo crudo que no es consumido en esa forma sino sujeto a diferentes procesos de refinación, transporte y distribución hasta que los productos derivados son finalmente consumidos a nivel de calle. En estos casos, la planificación para la venta del petróleo crudo toma en cuenta sobre todo factores políticos y económicos que pueden influenciar el consumo de esos productos finales, más que las preferencias del consumidor debido a lo limitado e invariable que resulta ser la gama de productos ofrecidos, particularmente en el campo automotor. Un ejemplo de esta planificación la veremos en un capitulo posterior.

El caso petrolero es una excepción en la planificación de mercadeo.

La mayoría de las empresas, con productos de consumo masivo, concentran su actividad planificadora en el análisis de las amenazas competitivas. Vamos a pasearnos por algunos de estos análisis típicos:

Resistencia a la Entrada de Nuevos Actores

Las firmas ya establecidas en un sector determinado de la industria o el comercio, se unen – o actúan por separado – para impedir o resistir la entrada de nuevos competidores bajo la presunción de que un nuevo actor significa una menor proporción del mercado para todos excepto para el que está entrando. Hay, a través de la historia de los negocios en el mundo, múltiples ejemplos de una situación parecida. Existe en los Estados Unidos, una aerolínea que ha podido tener éxito en un ambiente en donde muchas otras empresas tradicionales y conocidas han fracasado. Se trata de Southwest, la cual cada día amplía más su cobertura. Cuando, a finales de los años setenta, esta empresa trató de entrar en el mercado de la zona sur-occidental del país, se encontró con una resistencia acérrima de los actores allí presentes: Braniff, Trans-Texas y Continental. El temor a un nuevo actor en una zona que estaba sufriendo los inconvenientes de una recesión, llevó a estas últimas empresas a emprender, en principio, una batalla legal que fue derrotada en los tribunales respectivos. Habiendo resultado esto fallido, apelaron a tácticas económicas como lo fueron una rebaja inusitada en las tarifas, cambios en los programas de vuelo, etc. Todo esto resultó un fracaso, tanto que Braniff y Trans-Texas desaparecieron del mercado al entrar en bancarrota y Continental tuvo que reinventarse para sobrevivir. Sin embargo, las tácticas de resistencia de estas empresas le costaron a Southwest cuatro años de retraso para verdaderamente entrar el mercado. En el presente, y como ya hemos señalado, Southwest es la aerolínea más exitosa en los Estados Unidos. En una época en la que nada, prácticamente, se ofrece en los vuelos, Southwest garantiza que las tarifas no tendrán variación no importa el momento de hacer la reservación y de que su personal siempre tratará de resolver los problemas que puedan presentarse. Este personal no pertenece a ningún sindicato, por lo que esto influye positivamente en los costos de la aerolínea para que pueda mantenerse como líder en costos de operación. Las amas de casa y madres de familia prefieren abiertamente a Southwest porque saben que siempre estarán en el grupo preferido a la hora de abordar y, aunque no hay asientos asignados, el simple hecho de entrar primero a la cabina del avión les permite escoger los mejores asientos para ellas y sus hijos. De lo que estamos hablando entonces es de una diferenciación en el servicio, bien recibida por los consumidores, que ha permitido alcanzar el éxito.

Otros de los problemas que debe enfrentar el nuevo participante en un mercado son los elevados capitales necesarios para establecerse; la lucha en contra de economías de escala que favorece a los ya establecidos; los impedimentos para la distribución de los productos, los costos más elevados en todo inicio y las eventuales políticas gubernamentales. Si estos inconvenientes son difíciles de superar, puede ser que una alternativa sea la de unir esfuerzos con empresas que pueden tener otras ventajas y, de esta manera, garantizar la permanencia y crecimiento en el mercado escogido.

Rivalidad entre Empresas Existentes

Algunas veces la acción de la competencia, o el cambio en los gustos de los consumidores, pueden darle la señal, a una empresa determinada, de que debe salirse del mercado. Sin embargo, es común que esa empresa se consiga con barreras para su salida las cuales pueden están determinadas por la magnitud de las inversiones ya hechas, o por los compromisos con los empleados o sus representantes, o por las disposiciones gubernamentales. Estas podrían ser las barreras externas. A ellas se añaden, algunas veces, las internas como lo son la relación de la unidad que se desea descontinuar con otros departamentos o unidades en la misma empresa, o con la comunidad. Al tener dificultades para salirse, normalmente las estrategias para quedarse – competencia feroz – resultan dañinas a la industria al contribuir a la sobrecapacidad y a la disminución de las ganancias de todos los actores presentes.

Amenazas de Substitutos

Esta amenaza implica la aparición de productos substitutos por parte de la competencia – sea la establecida o la de nuevos participantes – lo que obliga a realizar análisis rigurosos de los consumidores potenciales. Una empresa debe hacer serias investigaciones relacionadas con la psiquis de los consumidores así como del espacio y momento de sus vidas asociadas con el acto de consumir los productos. Igualmente, no debe considerarse como el proveedor de un producto específico sino como el ente que facilita los medios que satisfacen ciertas necesidades.

Un caso interesante se ha presentado con ciertas empresas en las últimas décadas: NCR se consideró, así misma, y por muchos años, una productora de cajas registradoras, hasta que la competencia comenzó a ofrecer en el mercado equivalentes electrónicos que no sólo servían el propósito de las cajas de NCR sino que satisfacían un amplio espectro de necesidades incluyendo almacenamiento y procesamiento de información. A NCR no le quedó más remedio que adaptarse o perecer. Igual cosa ocurrió con Canon en su sector de copiadoras. La empresa ha evolucionado para mantenerse entre los líderes de productos para oficinas modernas, aún con competidores tan fuertes como Xerox. De tal forma que la estrategia frente a esta amenaza es la de ampliar la oferta por mejora del producto o por la provisión de productos relacionados dentro de un ambiente de negocios específico. Las cámaras de fotografía digitales representan un claro ejemplo de lo que una empresa, tal como Kodak, tuvo que hacer para mantenerse en el mercado. Hasta la aparición de las cámaras digitales, Kodak mantenía, si no un monopolio, sí una clara supremacía en el sector fotográfico. La aparición de cámaras que no sólo podían tomar fotografías sin el uso del rollo de película sino que permitían almacenar o desechar las fotos tomadas, cargarlas en una computadora, enviar anexos fotográficos a través de los correos electrónicos, etc., parecía haber dictado la sentencia a muerte de empresas como Kodak. Sin embargo, ésta supo hacer uso de su marca establecida por tantos años, y, mediante su propia investigación y asociación con otras empresas, lograr producir cámaras que pueden competir con las mejores del ramo.

Además de las amenazas ya vistas, hay dos que deben ser enfrentadas: El poder que pueden tener los suplidores y el de los consumidores. El primero está determinado por varios factores: 1) La existencia de pocos suplidores, 2) La ausencia de productos substitutos, 3) el ser la empresa compradora una firma que no es importante en volumen. En el caso de los consumidores puede una firma encontrarse con que los compradores tienen poder ya que: 1) Sus volúmenes de compra son muy altos, 2) El producto en cuestión carece de diferenciación – "commodity" – 3) Los beneficios del comprador son bajos por lo que insiste en bajos precios, 4) El comprador se convierte en productor (caso de la industria del vestido en la que las grandes tiendas comenzaron a fabricar sus propias marcas), entre otros. El esfuerzo de internacionalización de la industria petrolera venezolana de los años ochenta y noventa obedeció a que para el momento, PDVSA era simplemente un proveedor de un producto tipo "commodity", como lo es el petróleo, el cual en tiempos de sobre oferta podía ser desplazado por la competencia. La internacionalización permitió asegurar mercado al establecerse como dueña total o parcial de sistemas de refinación, distribución y mercadeo al detal.

Análisis del Portafolio de Productos

Una herramienta útil para este análisis es la desarrollada por el Boston Consulting Group (BCG) la cual se presenta en la figura 10.1 en donde se presentan dos elementos de mercadeo importantes: Crecimiento del Mercado y Proporción de Mercado (Market Share). Esta elección se basa en la creencia de que el Crecimiento del Mercado refleja su vitalidad y la etapa que vive el producto en ese ciclo. El Market Share refleja la posición competitiva de la firma en cuestión. Toda estrategia de mercadeo, entonces, va a enfocarse hacia el mejoramiento del Market Share ya que es poco lo que una empresa puede hacer en cuanto al mercado en general. Para lograr lo primero, la empresa debe aplicar tácticas relacionadas con la publicidad y el esquema de precios. La figura está dividida en cuatro cuadrantes con divisiones de 10% en cuanto al crecimiento del mercado (Eje de Ordenadas) y de 1,0 en lo relativo a Market Share (Eje de Abscisas).

Figura 10.1

Crecimiento vs. Market Share

	Estrella	Interrogante
Alto	Flujo de Caja Modesto	Flujo de Caja Muy Negativo
10%		
Bajo	Flujo de Caja Muy Positivo	Flujo de Caja Modesto
	Ordeño	**Descartable**
	Alto 1,0	Bajo

Market Share Relativo

Lo que debe hacer una empresa, luego del análisis respectivo, es colocar su producto de acuerdo a estos criterios numéricos y ver si la etiqueta que le corresponde cae en una de las siguientes categorías: Ordeño (Cash Cow), Estrella, Interrogante o Descartable (Dog), los cuales se definen de la siguiente manera:

Ordeño o Cash Cow es un producto con bajo crecimiento pero con alta proporción (Market Share) en su mercado. Debido a esto, la decisión natural de la empresa es seguir "ordeñando" el producto y no invertir capital adicional en su desarrollo. En nuestro país, petrolero por excelencia, existen varios casos ilustrativos de campos productores de petróleo crudo que se han convertido, en el tiempo, en "cash cows". Uno de ellos es el Campo Laguna, de crudo extra-pesado, que se explota en la margen oriental del Lago del Maracaibo desde finales de los años veinte del siglo pasado. Originalmente se invirtió un buen cúmulo de capital para su desarrollo y comenzó a ser vendido para la producción de asfalto y destilados especiales para Europa. Este crudo probó ser insustituible al ser desarrolladas sus aplicaciones en los laboratorios de alta tecnología de las empresas consumidoras. Hoy en día tiene un valor Premium en un mercado que no tiene crecimiento pero que rinde buenos beneficios. Por ello, hasta hace algunos años, en la producción del crudo Laguna sólo se invertía anualmente lo necesario para mantener la producción requerida por el consumidor.

Estrellas son productos de alto crecimiento y alto Market Share. Para mantenerlos en esa posición, se requiere un mayor aporte de capital que en el caso anterior. No tienen, al principio, los flujos de caja de los cash cows y sólo alcanzan a producir verdaderas ganancias cuando se convierten en éstas.

Interrogantes son productos de alto crecimiento pero bajo Market Share ya que normalmente producen flujos de caja negativos y sustraen flujos de otros productos de la misma empresa. Si no hay flujos tampoco habrá beneficios por lo que sin una infusión de dinero fresco, un interrogante puede convertirse en un descartable.

Descartables son productos de bajo crecimiento y bajo Market Share. Como son productos que producen pérdidas son normalmente abandonados.

Con la discusión de los puntos tratados en este capítulo hemos pretendido solamente iniciar al lector en la mayoría de los aspectos que tienen que ver con la actividad comercial. Como lo expresamos al principio, esta actividad es vital en la vida económica de una empresa pues representa la vía en la que los productos de una empresa determinada pueden tener cabida en la aceptación del público consumidor. Al igual que en el caso de los capítulos anteriores, exhortamos al lector interesado a la búsqueda de obras especializadas que le permitan profundizar en este tema sin olvidar – como ocurre en cualquier actividad – que el conocimiento del mercado en el que nos desenvolvemos, y la aplicación del sentido común, son insustituibles en la escogencia de aquellas estrategias y métodos que permiten alcanzar el éxito deseado.

CAPITULO XI

El Elemento Humano

En capítulos anteriores hemos mencionado que los dos recursos más importantes en una empresa y, por ende, en la economía de un país, son el recurso financiero y el recurso humano. La importancia de este último no se discute pues una gerencia capacitada, bien intencionada y hábil, conjuntamente con una plantilla de trabajadores con capacidad y dotada de honestidad para el trabajo, pueden superar muchas veces la ausencia de los recursos financieros necesarios. Esto no sólo aplica en el nivel "micro" de las empresas, sino que la historia nos muestra muchos ejemplos de países que, en el nivel "macro" han podido superar la ausencia de recursos financieros y naturales para convertirse en verdaderas potencias. Los ejemplos más sonados entre los países lo representa el Japón, después de la segunda guerra mundial, y Corea del Sur luego de la guerra de Corea de los años cincuenta. En ambos casos, las guerras respectivas dejaron un panorama desolado en los que no era precisamente el dinero el que abundaba. Tampoco, en ninguno de los dos casos, existían recursos naturales fácilmente explotables y exportables. Lo que sobró, en ambos países, fue un compromiso nacional de salir adelante mediante el uso combinado de la inteligencia humana con el trabajo sistemático. Esto ha permitido construir sistemas productivos en los que se combinan los elementos financieros propios con verdaderos avances en el campo de la producción mediante el uso de tecnologías avanzadas. Es ello una prueba fehaciente de que, más que los recursos naturales de un país, lo que es verdaderamente importante en el desarrollo es la orientación de sus líderes en el establecimiento de políticas que han probado ser sanas para el bienestar de sus pueblos, además del compromiso de esos pueblos para lograr avanzar en el camino trazado. Lo que aquí se ha expuesto para los países, aplica en todo su rigor para las empresas, de manera que puede decirse que no existen empresas sino gente y son estas personas la que pueden determinar a la larga el éxito o fracaso.

Cuando las empresas alcanzan cierta dimensión, se crean dentro de ellas las organizaciones que administran el Recurso Humano. Y esto es así porque administrar ese recurso requiere de una serie de actividades separadas y entrelazadas entre si como lo son el reclutamiento, la selección, el entrenamiento, la evaluación del desempeño y la remuneración. Igualmente, en zonas en donde los sindicatos son importantes, la organización se encarga de las relaciones con esos entes. Sin embargo, algo debe quedar claro: Las organizaciones de recursos humanos no deben ser responsables por estas funciones sino por establecer las políticas y prácticas que le permitan a la gerencia llevarlas a cabo. No debe, en ningún momento existir un "jefe de personal" ya que las decisiones sobre empleo, evaluación de desempeño, aumentos, promociones y despidos, deben siempre ser responsabilidad del gerente para el que va a trabajar o ya labora el empleado respectivo. De forma que las organizaciones de recursos humanos son sólo asesoras y no ejecutoras. Esa asesoría debe conducir a la empresa a alcanzar la eficacia organizacional necesaria que le permita competir con éxito y rendirle los mayores beneficios a sus accionistas.

Entre los asuntos que son parte de la responsabilidad asesora de recursos humanos se encuentran:

Colaborar en el alcance de los objetivos que se haya trazado la empresa. En este sentido, no se concibe una organización de recursos humanos que no esté empapada con las visiones, objetivos, planes y programas de la empresa puesto que será este conocimiento el que le permitirá establecer las políticas cónsonas con el logro de esos fines.

Colaborar en el logro de la competitividad en el mercado, lo cual muchas veces se logra mediante el óptimo empleo de las capacidades y habilidades de la fuerza laboral. En este sentido, recursos humanos tiene como tarea hacer que los esfuerzos de los empleados sean más productivos con lo que pueden ponerse en el mercado productos y servicios de mejor calidad y menos costo, beneficiándose al consumidor y, en ultima instancia a los accionistas y los propios empleados.

Colaborar en el suministro de empleados bien entrenados y motivados. Esto se logra mediante adecuados programas de capacitación que permitan el desarrollo y ascenso de aquellos con potencial para alcanzar mejores niveles. Un elemento importante es la identificación de métodos de reconocimiento a la labor desempeñada los cuales incluyen no sólo el dinero sino trasmitir que la empresa administra los medios de compensación mediante un sistema justo basado en los buenos resultados individuales. Para dar esta sensación de justicia deben establecerse y divulgarse objetivos claros así como el método de medición de los resultados esperados.

Permitir que se logre la autorrealización y la satisfacción en el sitio de trabajo. Esto se ha hecho cada vez más evidente en la medida en la que los empleados están mejor educados y poseen sus propias metas para el trabajo y la vida y, en países de economía desarrollada, en la medida en la que las oportunidades de empleo y de logros personales, se hacen cada vez mayores y más variadas. Para el logro de la máxima identidad con la empresa y mayor productividad, el trabajador debe sentir que se le trata en forma equitativa y que el trabajo es adecuado a sus capacidades.

Ayudar a desarrollar y mantener una alta calidad de vida en el lugar de trabajo. Todo esto está relacionado con conceptos tales como el estilo de gerencia, la posibilidad de toma de decisiones con autonomía y responsabilidad, la seguridad en el empleo, un nivel de tareas que tengan significado y, quizás lo mas importante, el saber que su empleo y su desarrollo obedecen a aspectos objetivos y medibles y no a caprichos de las esferas superiores. En este sentido, las empresas familiares pequeñas adolecen de este problema puesto que los "techos" para el crecimiento son bajos y las decisiones están acaparadas por los gerentes-propietarios. Un fenómeno similar – aunque en mayor proporción – se presenta en empleos del sector estatal en países no desarrollados en los que los conceptos de carrera muchas veces son ignorados para incluir en la nómina a personas sin mayor mérito que el ser simpatizante del gobierno de turno.

Administrar el cambio. Es conocido que, en las últimas décadas se ha presentado en el mundo un período turbulento lleno de cambios políticos, sociales, económicos, tecnológicos y culturales. Todo esto ha tenido un impacto de grandes proporciones sobre las empresas con resultados favorables para algunas y nefastos para otras. La supervivencia de las empresas ha estado en constante entredicho con el resultado de que empresas, hasta un cierto momento, muy sólidas y reconocidas, han sido forzadas a desaparecer. Lo que ocurre con los cambios es que obliga a nuevos enfoques y nuevas estrategias comerciales de mayor flexibilidad y agilidad y, como apuntamos en un capitulo anterior, a un constante monitoreo que permita conocer los cambios en los gustos de los consumidores, las posibles o reales acciones de la competencia y las variaciones en el ambiente político y social que puedan afectar la supervivencia.

Enunciar, para su aprobación, políticas de comportamiento ético y de responsabilidad con la comunidad.

Hemos destacado en las funciones anteriores que el papel de la organización de recursos humanos es la de asesorar, nunca administrar al personal. Esta última es una responsabilidad de la línea gerencial sea ésta de producción, de comercio o de finanzas. Es el propio gerente o supervisor a quien le compete la administración de su personal y es éste el responsable de que el empleado se sienta satisfecho, sea leal a la empresa, sea cada día más productivo y que se garantice la menor rotación. Todo esto lo hace basado en las normas de administración del recurso humano, desarrolladas conjuntamente con la organización de recursos humanos pero aprobadas por los más altos niveles gerenciales. En la aplicación de estas normas estos supervisores y gerentes siempre deben contar con la continua asesoría de la organización a la que tanto hemos hecho mención.

Evaluación de Desempeño

No todos los empleados de una empresa tienen igual dedicación al trabajo, comportamiento dentro de este, productividad, y dan los mismos resultados. Varios factores pueden ser claves para estas diferencias, desde la actitud personal, el desarrollo intelectual, la capacidad adquirida a través de la educación formal y el entrenamiento hasta el hecho de que se encuentren ubicados en la posición que menos se adapte a sus preferencias o capacidades. Desde hace mucho tiempo, las empresas especializadas en la remuneración equitativa y meritocracia del trabajador, han diseñado múltiples maneras de evaluar esos comportamientos y esos resultados. En la mayoría se destacan normalmente dos aspectos: Cuáles han sido los resultados para la empresa en el período de la evaluación y hasta dónde se cree que el empleado puede ascender dentro de la misma si se le dan las oportunidades y el entrenamiento adecuado. Lo primero, conocido genéricamente como "evaluación de actuación", toma en consideración muchas variables entre las que destacan la calidad y la cantidad del trabajo desarrollado, la actitud personal, su iniciativa, el respeto y aceptación de las normas empresariales, su honestidad, e incluso, en algunos casos, su puntualidad. Otro aspecto, a menudo tomado en cuenta en labores operacionales de planta, es su énfasis en la seguridad, bien sea personal o la de sus trabajadores asignados.

Lo segundo se conoce como "potencial" y es una estimación, que debe revisarse cada año, de la posición o posiciones máximas que se cree que el empleado puede alcanzar en el futuro si, como lo apuntamos previamente, se le dan las oportunidades y el entrenamiento para su desarrollo. En este caso se analizan las características de liderazgo, fidelidad a la empresa, responsabilidad y facilidad para relacionarse en diferentes ambientes. En el caso de personal técnico: ingenieros, contadores, etc., se analiza su inclinación puesto que las posiciones de mayor jerarquía en una empresa no son las de carácter técnico sino gerencial y directivas. El potencial se evalúa sobre todo en las grandes empresas en donde hay una escalera de posiciones a la que puede aspirar el empleado; no así en las empresas medianas o pequeñas en las que el techo de la pirámide está siempre muy cerca y las posiciones altas están ocupadas, normalmente, por los mismos dueños.

Sistemas de Compensación

Cuando hablamos de compensación, lo primero que se nos viene a la mente es el salario. Sin embargo, en las grandes empresas, más que salario, se habla del "paquete de compensación" el cual incluye no sólo el sueldo a devengar sino la existencia de comisiones, bonos por actuación personal o de la empresa, días de vacaciones y monto del bono vacacional, seguros médicos y de vida y monto a ser percibido al renunciar, ser despedido o jubilarse, mas allá de lo contemplado en las leyes respectivas. En algunas posiciones el "paquete" incluye lo que en la jerga empresarial se conoce como "perks" que no son más que, por ejemplo, el derecho a disponer de un chofer, o usar el avión de la empresa o las casas de recreo de la misma, además del pago mediante acciones negociables de la misma empresa.

En una economía competitiva, además de las investigaciones hechas en el mercado de los productos y servicios de la empresa y de sus competidores, se investiga la posición de la empresa frente a su competencia en cuanto a la compensación de sus trabajadores. Esta es una herramienta vital puesto que permite ofrecer lo que ofrece la competencia y evitar, de esta manera, que pueda perderse recurso humano de gran valor, por lo que su uso está bastante extendido. Una vez conocidos esos parámetros y establecidas las franjas correspondientes a los niveles de salario por grupo, se procede a darle forma a una curva salarial que no es más que una representación estadística de la actuación en el trabajo de un grupo grande de trabajadores.

Las estadísticas señalan que sólo el 5% de un grupo grande de trabajadores tiene actuación "excelente"; igualmente, que sólo un 20 a 25% la tiene "muy buena", sólo un 50 a 55% alcanza a ser "buena"; y se estima que un 15% es "satisfactoria", quedando un 10% como "insatisfactoria". En cuanto a definiciones, se conoce como "excelente" aquella actuación que constantemente excede los requisitos de la posición; "muy buena" cuando estos requisitos se exceden la mayoría de las veces; "buena" cuando el trabajador cumple con ellos sin excederse; "satisfactoria" cuando está por debajo e "insatisfactoria" cuando definitivamente su bajo cumplimiento representa un problema para la organización y hay que desprenderse del trabajador. Esta curva es importante porque, para fines salariales, cualquiera que haya sido el resultado de las evaluaciones, puesto en forma de gráfico, las empresas tratan de ajustarse a ella. Esto se logra, muchas veces, haciendo una jerarquización del aporte a los objetivos de la empresa de un grupo homogéneo de empleados – desde los que más aportan hasta los que menos –. Esta jerarquización es un compromiso al que se dedica la plana mayor de la compañía tratando de que impere la justicia en la posición que le tocaría a cada trabajador en la tabla. Una vez hecho esto, se extrae de ella una curva que se ajuste a la estadística. Puede pensarse que resulta injusto acoplar las evaluaciones a algo estadístico; sin embargo, la experiencia indica que las evaluaciones de una empresa mayor se ajustan bastante a tal curva. Por ultimo, se indican las franjas de aumento de sueldo por tipo de evaluación (excelente, muy buena, etc.,) para que éstas sean administradas. Estas curvas y estas decisiones, aplicadas a los ejecutivos, permiten administrar también los bonos y otras prerrogativas o "perks".

En síntesis, ratificamos que la administración del recurso humano es una de las tareas más delicadas en una empresa y a la que la gerencia debe darle una atención extrema. Se trata de adoptar y defender un sistema que haya probado, y sea reconocido por el personal, como justo. Para esto hay que prestarle una verdadera atención a los métodos de selección y entrenamiento del personal, a la transmisión de los valores empresariales, a la evaluación continua y periódica y a la aplicación de métodos objetivos en esas evaluaciones. En Venezuela, ya se probó alguna vez, en la Industria Petrolera antes y después de la nacionalización, que era posible captar y retener excelentes trabajadores los cuales dieron verdadero lustre a la empresa. Estas personas no eran superiores al resto de los trabajadores venezolanos pero eran más productivos y comprometidos con la empresa. No había secretos, sólo la adopción y defensa de un sistema justo aplicable al personal que, en su tiempo, fue llamado "Meritocracia".

CAPITULO XI

Evaluación de la Gestión Empresarial

En la evaluación de una empresa, las entidades financieras, las entidades reguladoras y los potenciales inversionistas, recurren a los análisis de los estados financieros. Son estos estados, que se deben emitir en forma periódica, la fuente de información más importante sobre la salud de la misma, mucho más que el volumen de sus ventas o su participación proporcional en el mercado. Emitidos estos estados, los analistas los revisan y aplican ciertos parámetros o "ratios" que les sirven para comparar los resultados de la empresa bajo análisis, con la comunidad de empresas o el mercado en donde se desenvuelve. De forma que, al comparar los valores de ciertos parámetros con los valores de los mismos parámetros calculados sobre una base equivalente, es posible lograr una mejor comprensión de la salud financiera de la firma, elemento importante en las decisiones de inversión y de ajuste en las políticas comerciales, financieras u operacionales que, hasta el presente se estuviesen llevando a cabo. Podemos decir que la gestión gerencial se mide por los resultados expresados en los tres estados financieros más importantes y por los datos que aportan la aplicación de los parámetros que discutiremos mas adelante.

Los estados financieros más conocidos y usados contablemente son El **Estado de Ganancias y Pérdidas** o también conocido como Balance Operacional, el **Balance General** y el cambio en la **Posición Financiera** de la firma. Todos ellos se suelen acompañar con notas explicativas para lograr una mejor comprensión al que se dedique a su análisis.

Estado de Ganancias y Pérdidas

Muchas veces se le suele dar a este estado financiero más importancia de la que, en realidad, merece ya que lo único que señala es la actuación financiera de una empresa en un periodo específico el cual puede ser un trimestre o un año, y es sabido que muchas veces pueden existir condiciones internas a la empresa o en su entorno, que pueden afectar sus resultados en un período tan corto. Lo que sí puede ser relevante es la permanencia de una tendencia hacia el crecimiento financiero o hacia su disminución indicada por la comparación de estos estados en un período mas largo como lo puede ser el de tres o más años. En estos estados de ganancias y pérdidas lo que se expresa son los ingresos de la empresa y los costos – de toda naturaleza – en los que la misma pueda incurrir en el período considerado para arribar a un resultado que, de ser positivo, indicaría que la empresa ha tenido ganancias netas, y de ser negativo, que la firma ha perdido dinero. En este análisis hay que tener cuidado en concluir libremente que si la empresa ha tenido un resultado neto positivo, el resultado ha sido beneficioso para el dinero invertido en ella pues será necesario saber si al final el inversionista ha obtenido un nivel de recuperación mayor que si hubiese dispuesto su dinero en otra forma. Es esto lo que se conoce como "agregar" o "destruir" valor.

En la tabla que sigue presentamos, a guisa de ejemplo, un estado de ganancias y pérdidas para una empresa imaginaria que se ocupa de actividades de manufactura. En la parte de "Ingresos" se presentan todos los que la empresa tuvo en el periodo considerado – en este caso el año 2005 – sin importar si estos ingresos fueron provenientes de las ventas o no. En la parte correspondiente a los "Costos", se incluyen los costos directos incurridos para la producción de los bienes manufacturados que luego son ofrecidos para la venta (normalmente labor y materias primas); los costos incurridos en las operaciones (servicios, impuestos, contratos con terceros, etc., y otros) y los costos relacionados con su financiamiento, incluyendo los dividendos que se deben pagar a los tenedores de acciones preferenciales – si ese es el caso – y los intereses a los que han aportado el dinero para el funcionamiento. Se puede observar que entre los costos se han incluido aquellos tales como la depreciación y la amortización del capital, que no significan desembolsos reales, pero que se incluyen porque en todos los países las autoridades impositivas los reconocen como costos de la inversión que pueden deducirse para arribar al resultado mediante el cual se deben calcular los impuestos a pagar. El resultado final, luego de volver a sumar las deducciones de amortización y depreciación, se utiliza para repartir los dividendos a los accionistas o para mantenerlo en reserva en la empresa para futuras inversiones.

Un análisis somero de las cifras expresadas en esta tabla nos permite concluir que entre los años 2004 y 2005 ha habido un crecimiento de 12,3% en las ventas de la compañía con un 10% de incremento en los costos totales, lo cual es positivo. Este mismo incremento porcentual se ha presentado en aquellos costos que tienen que ver con adquirir las materias primas, producir y poner a la venta los productos lo cual parece indicar que se ha incrementado la eficiencia. No obstante, los gastos administrativos muestran un incremento de 13%, mayor que el incremento en las ventas lo cual merece investigar las razones.

Más que la ganancia neta total y por acción, merece que nos detengamos en la tasa de crecimiento de ambos números en el tiempo ya que es esto lo que normalmente busca el inversionista potencial.

Tabla 12.1

Estado de Ganancias y Pérdidas
(Cifras en Millones de Bolívares)

	2005	2004
Ingresos		
Ventas Netas	744,0	662,3
Otros Ingresos	7,0	6,6
Total Ingresos	**751,0**	**668,9**
Costos y Gastos		
Costos de Venta	532,0	484,8
Gastos Administrativos	65,3	57,9
Depreciación y Amortización	39,0	35,4
Intereses	25,7	24,5
Intereses Capitalizados	(1,8)	(2,3)
Intereses por ganancias en participaciones	0,3	0,4
Total Costos y Gastos	**660,5**	**600,7**
Ganancia Neta Antes de Imp y Otros Extras	90,5	68,2
Impuestos	37,7	29,3
Ganancias después de Impuestos	52,8	38,9
+ Depreciación y Amortización	39,0	35,4
Total Ganancia Neta	91,8	74,3
Dividendos a Accionistas Preferidos	2,0	2,4
Ganancias disponibles para accionistas comunes	89,8	76,7
Numero de acciones (miles)	9300	8800
Ganancias por acción Bs.	9655	8716
Dividendos por acción	2622	1991

El Balance General

Este estado indica la posición financiera de una empresa en un momento específico, por ejemplo, el último día de un trimestre o de un año; por ello, siempre se especifica la fecha en la cual se toma esa "fotografía instantánea". Más que cualquier otro, este estado financiero es un indicador crítico de la fortaleza crediticia de la firma y, por lo tanto, de su capacidad para autofinanciarse. A pesar de que su información corresponde a un momento específico, y no a un periodo de tiempo, la información por él expuesta está fundamentada en una base histórica de costos.

Normalmente el **Balance General** se divide en dos columnas. En la de la izquierda se presentan los **Activos** de la compañía, es decir, los recursos utilizados en las operaciones y, en la de la derecha, los **Pasivos** u obligaciones que la empresa puede tener con terceros incluyendo a sus accionistas pues hay que recordar que las corporaciones tienen personalidad jurídica propia y que cualquier dinero que sus accionistas aportan para su funcionamiento es una deuda u obligación que la empresa tiene con esos accionistas. Lo que se llama **Equity** no es más que los recursos financieros que pertenecen a tales accionistas. En todo balance general se tiene que cumplir la siguiente igualdad:

$$Activos = Pasivos + Equity$$

Es por esta igualdad que este estado financiero se conoce como Balance General pues al cumplirse, existirá un "balance" total entre lo que la empresa posee y lo que la empresa debe.

La tabla siguiente presenta un balance general para la misma empresa imaginaria de la cual presentamos el estado de ganancias y pérdidas anteriormente. En este caso, el balance se presenta para el final de cada uno de los años 2004 y 2005, pues, como dijimos, los balances son una fotografía instantánea de la posición financiera en un momento específico el cual casi siempre coincide con el final del año. En esta tabla debemos poner atención a lo que llamamos activos y pasivos corrientes. En el caso de los activos se consideran corrientes aquellos que alcanzan madurez en el término máximo de un año; en el de los pasivos, son corrientes aquellos que deben pagarse en el mismo término máximo. La diferencia entre activos y pasivos corrientes indica la capacidad de una empresa de enfrentar sus obligaciones inmediatas sin recurrir a préstamos adicionales.

Tabl 12.2

Balance General al 31.12.05. Comparación con el del 31.12.04 (MMBs)

	2005	2004
ACTIVOS		
Corrientes		
Efectivo	6,8	9,9
Inversiones Mercadeables	51,5	45,4
Cuentas por Cobrar	47,6	42,5
Inventarios	150,6	122,1
Impuestos y otros costos prepagados	11,3	8,6
Total Activos Corrientes	**267,8**	**228,5**
Inversiones	75,4	75,3
Plantas, Propiedades y Equipos		
Al Costo	769,0	688,5
Menos Depreciación y Amortización Acumuladas	290,2	261,2
Valor Neto de Plantas, Propiedades y Equipos	478,8	427,2
Otros Activos	5,8	5,7
Total Activos	**827,8**	**736,7**
PASIVOS		
Pasivos Corrientes		
Prestamos y Pagares a ser Pagados	41,0	32,1
Porción Corriente de Deuda a Largo Plazo	16,3	10,3
Cuentas por pagar y deudas acumuladas	115,2	94,2
Impuesto No Pagado	38,6	31,0
Total Pasivos Corrientes	**211,1**	**167,6**
Pasivos (Deudas) a Largo Plazo	**203,3**	**198,1**
Otros Pasivos	**103,0**	**89,5**
Pasivos Totales	**517,4**	**455,2**
Equity	**310,4**	**281,5**
Total Pasivos + Equity (Balance)	**827,8**	**736,7**

Como se observa en este balance general, la empresa imaginaria, tema de nuestros análisis, tiene en la diferencia de activos menos pasivos corrientes, suficientes recursos financieros para enfrentar cualquier problema que se le presente que la pueda llevar al pago inmediato de tales pasivos. No obstante, como veremos más adelante, al dividir para el año 2005 los activos corrientes entre los mismos pasivos, resulta una razón de 1,27, inferior a la deseable que debe ser, al menos, dos veces mayor. Por otra parte, puede observarse que el 93% de los activos de la empresa están invertidos en plantas, propiedades y equipos por lo que habría que profundizar si todos esos activos son necesarios para las operaciones o si se puede prescindir de algunos de ellos sin afectar la operabilidad de la empresa. Se dice esto porque, algunas veces, la gerencia de una empresa conserva en sus libros activos improductivos que sólo tienen como resultado cargar indebidamente el balance en el lado negativo. Puede observarse también que en los activos corrientes los inventarios representan una proporción apreciable (56%). La gerencia debe analizar si este nivel es apropiado o si excede las necesidades de operación de la empresa. Si resulta excesivo hay que tomar acciones para reducirlos, bien internamente o mediante acuerdos con los suplidores. Otro aspecto a considerar son las cuentas por cobrar las cuales deben mantenerse en el menor nivel posible ya que una vez cobradas pasan a ser parte del efectivo lo cual es una manera tangible de contar con recursos en el corto plazo. En comparación con el año anterior, nuestra empresa imaginaria ha crecido un 12,4% pero el dinero correspondiente a los accionistas ha tenido un crecimiento de 10,2%, a toda luz menor. Lo que esto quiere decir es que los accionistas no han disfrutado enteramente de la mayor apreciación financiera de la empresa, por lo que hay que averiguar las razones para ello.

Cambios en la Posición Financiera

El propósito de este tipo de estado financiero es indicar cómo ha cambiado la posición financiera de una empresa durante el periodo cubierto por los otros estados y, como tal, complementa a los dos anteriores ya que la posición financiera cambia no solamente como resultado de la ganancia neta generada por las operaciones retenidas en la empresa, sino también por los préstamos adicionales o pagos de deuda (tanto de corto como de largo plazo), retiros de capital, adiciones o eliminación de activos fijos y varios otros factores. Los flujos de fondos entre una empresa y sus inversionistas, acreedores, trabajadores, clientes, etc., sirven como un punto de partida fundamental para el análisis financiero de la firma.

En la tabla que sigue se presenta un estado típico de cambio en la situación financiera. Estos estados se preparan sobre cualquiera de las dos bases siguientes: sobre el capital de trabajo, tal como se ilustra en la misma tabla o sobre la base de efectivo; en cualquier caso, la estructura básica general es la misma. Las fuentes de fondos (y los flujos asociados) y su aplicación están identificados por ítems. Puede notarse que se cumple la ecuación básica contable:

> Ingreso de Recursos – Egreso de Recursos = Cambio en los Recursos

Resultando que el Cambio en los Recursos no es más que el incremento o decrecimiento neto en el capital de trabajo o en el efectivo, dependiendo de la base utilizada. Una cantidad importante en este estado son los **Fondos Generados por las Operaciones,** o, más simplemente, el **Flujo de Caja**. Debido a que los ítems que no representan efectivo afectan en forma significativa las ganancias reportadas, se le ha dado, en los últimos años, un énfasis cada vez mayor al Flujo de Caja como una medida para saber la capacidad de una compañía para cumplir con sus obligaciones financieras y financiar su crecimiento.

Pruebas Financieras

Aunque pueden inventarse muchísimas formas de analizar las finanzas de una empresa, existen algunas pruebas consideradas básicas que se usan con frecuencia; entre ellas: **la Liquidez, la Capacidad de Generar Ganancias, los Apalancamientos y las Pruebas a las Acciones Comunes.** Por razones de espacio, vamos a concretar nuestra discusión, exclusivamente, a la Liquidez.

Liquidez

Las pruebas de liquidez son diseñadas para medir la capacidad de una firma de cumplir a tiempo con sus obligaciones. Estas son de tres tipos: liquidez general, "turnover ratios" y "coverage ratios".

Tabla 10.3

Estado de Cambio en la Posición Financiera

	2005	2004
Ganancia Neta antes de Ítems Extraordinarios	52,8	38,9
Depreciación y Amortización	39,0	35,4
Impuestos Diferidos	9,4	5,2
Intereses minoritarios en subsidiarias	0,3	0,4
Otros	(4,8)	(3,6)
Fondos Generados por las Operaciones	96,7	76,3
Ingresos por Eliminación de propiedades	1,5	5,3
Ingresos por Contracción de Deudas Largo Plazo	35,3	20,8
Ingresos por Ventas de Acciones Comunes	9,9	8,5
Otros	0,5	3,2
Total Fondos Generados	**147,8**	**114,1**
Dividendos pagados a accionistas	19,8	18,2
Adiciones a plantas y equipos	99,5	62,0
Reducción de Deuda a Largo Plazo	30,1	25,7
Otros	2,6	—
Total Fondos Aplicados	**152,0**	**105,9**
Incremento en Capital de Trabajo	**(4,2)**	**8,2**
Efectivo	(3,1)	10,1
Acciones Mercadeables	6,1	12,7
Cuentas por Cobrar	5,1	3,2
Inventario	28,5	8,1
Impuestos prepagados y otros gastos	2,7	(2,1)
Pagarés	(8,9)	(10,1)
Porción Corriente de deuda a largo plazo	(6,0)	3,2
Cuentas por pagar y deudas acumuladas	(21,0)	(10,5)
Impuesto sobre la Renta pagable	(7,6)	(6,4)

Liquidez General

Se la calcula usando el término "current ratio" que se define como:

Current Ratio = Activos Corrientes / Pasivos Corrientes

Esta prueba mide el número de veces que los activos corrientes de una firma cubren sus pasivos corrientes. Mientras mayor resulte su valor, mayor será la capacidad de la firma para cumplir con sus obligaciones de corto plazo a su vencimiento. Una regla aproximada indica que una liquidez general de 2:1 puede ser un objetivo apropiado para la mayor parte de las firmas. Los activos corrientes incluyen inventarios los que normalmente son más difíciles de convertir en efectivo a corto plazo. Así, los analistas, a menudo, excluyen inventarios del numerador en la fórmula anterior de manera de calcular la llamada Prueba Ácida:

Prueba Ácida = (Activos Corrientes – Inventarios) / Pasivos Corrientes

Haciendo uso de los estados financieros de las tablas anteriores, la prueba de liquidez general y la ácida serían:

$$\text{Liquidez General} = \frac{267,8}{21,11} = 1,27$$

$$\text{Prueba Ácida} = 267,8 \ \frac{150,6}{211,1} = 0,56$$

En ambos casos, la empresa ficticia considerada, a pesar de sus estados anteriores positivos, no está en la mejor de las posiciones para enfrentar situaciones que le obliguen a echar mano a sus recursos de corto plazo.

Turnover Ratios

Estas pruebas se calculan con el objetivo de medir el grado de liquidez asociado con un activo corriente específico. Por ejemplo, el de las Cuentas por Cobrar se calcula de la manera siguiente:

Turnover Ratio = Ventas Anuales a Crédito / Cobros Promedio

De esta manera se mide el número de veces que las cuentas por cobrar dan vuelta durante un período. De igual forma puede hacerse un cálculo con los inventarios en el que las ventas anuales se sustituyen por el costo de venta y las cuentas por cobrar por el inventario promedio.

Si usamos los datos de las tablas anteriores, nos damos cuenta que para el año 2005, nuestra empresa imaginaria tuvo los siguientes índices:

$$\text{Turnover ratio de: } \frac{744,0}{\frac{(47,6 + 42,5)}{2}} = 16,51$$

$$\text{Turnover deinventarios de: } \frac{532,0}{\frac{(150,6 + 122,1)}{2}} = 3,90$$

Esto, lo que quiere decir, es que el tiempo promedio para el cobro es de 365/16,51= 22 días y que la existencia del inventario es de un trimestre.

Con la explicación anterior, hemos solamente dado una somera introducción a un tema empresarial tan importante como lo es el de la evaluación del desempeño empresarial. Como se puede sospechar, llegar a conclusiones de mayor exigencia y calidad, requiere el uso de técnicas más sofisticadas. El lector interesado puede profundizar en estos temas mediante su consulta en obras especializadas. En la bibliografía mencionamos, entre otras la obra "Corporate Financial Análisis" del autor John D. Finnerty.

CAPITULO XII

La Planificación Estratégica

En 1959, Nikita Khrushchev era a la vez el secretario del Partido Comunista y el hombre más poderoso de la Unión Soviética. Había comenzado un proceso de liberalización a la muerte de Joseph Stalin y, en un gesto de gran significado, hizo una visita a los Estados Unidos. Allí, tanto él como sus asistentes se quedaron atónitos al visitar un supermercado y palpar todo lo que en él se ofrecía al público y regresaron a casa con el convencimiento de que los anaqueles habían sido especialmente surtidos como preparación para su visita. Sin embargo, la mayor impresión se la llevó en un viaje al estado de Iowa, ya que siempre fue un entusiasta del maíz. Para el momento de su visita, las praderas del "mid-west" de los Estados Unidos representaban la mayor fuente de maíz del mundo, y Khrushchev concluyó que estas plantaciones eran reales y no "preparadas" para su visita. Al retornar a Moscú, estaba convencido de que el futuro de la agricultura soviética reposaba en el cultivo del maíz y grandes extensiones de tierra laborable, fueron convertidas al cultivo de este cereal. El experimento fue un fracaso pues la producción cayó y la delicada situación económica que la siguió fue una de las razones para que lo despojaran del poder, cinco años después.

La agricultura rusa tuvo pésimos resultados en ese período, pero la experiencia china, la otra superpotencia comunista, fue aún peor. En 1957, Mao Tse-tung anuncio el "Gran Salto" mediante el cual la creación de comunas iría a transformar la agricultura. La primera comuna se estableció en 1958 con cuarenta mil personas en un espacio de unas cinco mil hectáreas. Ya para el otoño del mismo año, había 100 millones de familias campesinas viviendo en tales comunas. Sin embargo, las decisiones de Mao cambiaron y se les animó a las comunas para que produjeran, adicionalmente, acero en hornos tipo cubilotes que se instalaron en los patios traseros de las comunas y de las casas. El "Gran Salto" resultó en rendimientos agrícolas colapsados con lo que, en los años sesenta, se extendió una gran hambruna en el país y murieron de hambre entre 30 y 40 millones de personas.

Tanto Khrushchev como Mao tomaron malas decisiones, pero no eran absurdas. En el caso de Khrushchev, se trató de un simple error ya que el maíz no era una planta apropiada para las llanuras de Ucrania. Mao tenía razón al concluir que la agricultura china debía ser racionalizada en unidades mayores en extensión y que China necesitaba expandir su producción de acero, y mejor en unidades pequeñas antes que en unidades grandes, pues en ese momento, y hasta el presente, esa ha sido la tendencia mundial. Sin embargo, el problema fue que el proceso de decisión se centralizó, y peor aún, se personalizó. Aquellos cuya función era informar de los resultados se negaron a oír o a trasmitir malas noticias ya que su principal preocupación era proteger sus posiciones personales y obtener la aprobación de sus superiores. Al final, las consecuencias de una planificación personalizada y sin sinceridad en la información que permitiese cambiar los rumbos establecidos, resultó fatal para sus pueblos y desastrosa para la memoria de los líderes que las impulsaron.

Este fenómeno de personalización de planes y acciones no sólo es característico de las naciones, sino que también se presenta en empresas – algunas de gran tamaño como la Ford Motors – en las que la posición del líder ha llevado a la compañía a la pérdida de posición en el mercado o a su desaparición, como fue el caso de las procesadoras de palabras Wang.

Cualquiera que haya trabajado para una organización de cierta dimensión, a lo mejor habrá experimentado experiencias similares. Henry Ford fue quizás el empresario más importante del siglo XX. En 1911 estableció la primera línea de ensamblaje masivo en el mundo. Ford fue un genio de la mecánica y de los negocios aunque no un intelectual y, en la medida en que creció su éxito comercial, comenzó a convencerse de su infalibilidad y a interesarse solo en las opiniones que estaban de acuerdo con sus prejuicios, que eran muchos. La oferta del modelo T, el único que producía Ford, era sólo en el color negro sin tomar en cuenta las posibles predilecciones de los clientes. Esto fue aprovechado por General Motors, empresa que empezó a ofrecer variedad de modelos y colores. Adicionalmente, Henry Ford se rodeó de una serie de aduladores pendientes de los comentarios y decisiones del líder. Para el momento de su muerte, Ford había casi destruido el imperio que había creado; imperio que fue rescatado por la introducción de una gerencia profesional.

En los casos de Khrushchev, Mao y Ford, las decisiones estaban centralizadas y la información de seguimiento limitada y poco veraz, puesto que estos sistemas tienden a castigar a aquellos cuya opinión es distinta a la del líder o cuyas noticias sobre el avance de un plan o proyecto puede poner en descrédito al máximo dirigente. Uno de los problemas, en los casos de Mao y Ford, es que estuvieron en el tope por demasiado tiempo. Las personas que han tomado decisiones correctas en el pasado normalmente piensan que también estarán acertadas en el futuro. La adulación que rodea los políticos exitosos, y a los grandes hombres de negocios, refuerza ese sentimiento de auto-confianza que los caracteriza. Existe una expresión que dice que "el poder tiende a corromper y el poder absoluto corrompe en forma absoluta". Este dicho no se refiere a la corrupción financiera sino a la corrupción en los valores de un individuo resultante del ejercicio sin trabas de su autoridad por un largo período de tiempo.

Frente a la planificación centralizada, a la que se han encontrado muy aficionados los estados menos democráticos y algunas empresas, se opone la Planificación Estratégica Empresarial, la cual tiene como característica principal ser participativa. En ella, el conjunto de personas que forman parte de la supervisión y de la gerencia de las empresas, en cooperación con los encargados de realizar las actividades y los analistas especializados, son los que le dan forma a los planes y los encargados de revisarlos en forma periódica para medir su efectividad o falta de ella y tomar las acciones correctivas.

En los capítulos anteriores hemos expuesto los principales elementos que se manejan en una empresa comercial para lograr su propósito cual es el de crear valor para sus accionistas. Este propósito final se logra a través de un cúmulo de actividades que persiguen producir bajo las mejores condiciones económicas posibles y participar ventajosamente en el mercado. Generalmente las empresas no se crean sin que exista una "visión" de futuro de parte de los accionistas que la fundan y sin que existan o se formulen tanto la misión para la cual se crea como los objetivos concretos de lo que se desea hacer. Estos tres elementos, visión, misión y objetivos, de por si importantes, no son suficientes puesto que una vez que se comienzan las operaciones, y muchas veces antes de comenzarlas, hay que tener estrategias y tácticas operacionales y comerciales claras para enfrentar los problemas u oportunidades del día a día. El conjunto de estos cuatro elementos conforma lo que se conoce como Planificación Estratégica Empresarial y es un elemento clave en el éxito o fracaso de grandes y pequeñas corporaciones o de sociedades mercantiles.

Visión y Misión

Puede definirse la **Visión** como el "sueño" de los accionistas y gerentes de lo que la empresa debe ser en un momento futuro en el tiempo, el cual normalmente oscila entre cinco y diez años. Este "debe ser" no solo abarca el aspecto económico, sino la posición de la empresa en la comunidad en donde va a funcionar, o ya funciona, bien que sea una región, un país o un escenario global, así como entre sus competidores. La visión normalmente es cualitativa, por ejemplo, producir computadoras cada vez más amistosas hacia el usuario y a un menor precio, o posicionarse ventajosamente entre los principales suplidores de servicios de telefonía digital en el área en donde se desempeñan o, si se trata de una empresa estatal exportadora de una materia prima de gran demanda mundial, ser el motor fundamental de la economía de ese país para que los ingresos puedan ser utilizados por el gobierno respectivo en la promoción y desarrollo de un estamento industrial y de servicios que permitan mejorar las condiciones sociales y económicas de la población.

Esta visión es entonces el primer paso en la planificación estratégica y debe estar claramente definida para que sea el norte de directivos, gerentes y empleados en general en todas las actividades que se desarrollen. Y esta claridad es necesaria porque permite enfocar los esfuerzos en una sola dirección y evita que se confunda algo muy importante: la **Misión** de la empresa. Cuando una empresa comercial, establecida para producir beneficios a sus accionistas, a sus empleados y a la comunidad en general por el efecto económico de su presencia, pierde el norte en cuanto a lo que debe ser su misión y comienza a desviar sus fondos excedentes o no hacia la directa inversión o gasto social, estará desviando el necesario enfoque de sus directivos, gerentes y empleados de su misión para el que han sido entrenados y entrando en un terreno político que no le corresponde. Los resultados, a la larga, pueden ser desastrosos.

El autor recuerda sus experiencias personales, como representante de PDVSA, en la adquisición – junto con otras empresas europeas - de una refinería estatal en la antigua Alemania Oriental a la caída del Muro de Berlín. A pesar de que se trataba de una unidad de reciente construcción, carecía de los elementos productivos y ecológicos que le permitían competir en la nueva Alemania unificada. Peor aún, la empresa, situada en la ciudad de Schwedt, a pocos kilómetros de la frontera con Polonia, tenía una plantilla de trabajadores que se acercaba a los 9.000 empleados. Nuestros análisis demostraron que para el correcto funcionamiento de la unidad mencionada solo se requerían 1.200 personas y el resto tendría que ser despedido. Este excedente de personal se presentó porque el estado, dueño de la refinería, consideró que ésta debía cumplir una función social y no una económica, lo que provocó que se aceptaran como empleados personas que no estaban cumpliendo ninguna función productiva y que la refinería directamente, y no el gobierno, se dedicara a subsidiar a la población. La experiencia le salió muy cara a la nueva Alemania unificada puesto que tuvo que aceptar vendernos una unidad bastante nueva en un precio ridículamente bajo (10 millones de marcos alemanes de 1992), ya que los compradores teníamos que pagar los costos de despedir a los trabajadores sobrantes además de invertir en unidades que permitiesen producir lo que Europa Occidental podía consumir, y evitar los fenómenos contaminantes dejados a un lado por el antiguo sistema. Este es un ejemplo claro del desvío de la misión que debe tener una empresa comercial.

Aunque suene reiterativo, debemos insistir que una de las responsabilidades más importantes de los directivos de una empresa comercial es velar porque todas las acciones que emprenda y lleve a cabo, a cualquier nivel, deben estar enmarcadas en la misión para la cual existe la empresa. Si una empresa produce calzado, es esa su misión; si fue creada para producir y vender petróleo, es esa su misión. Si abandona este norte, deja de ser una empresa comercial para convertirse en otra cosa.

Objetivos

Establecida la **Visión,** y definida la **Misión** de la empresa, toca entonces definir los **Objetivos.** Estos, a diferencia de las anteriores, son cuantitativos y no cualitativos. Un objetivo, en el plano comercial puede ser lograr un 25% de proporción en el mercado – Market Share - en donde se desenvuelve la compañía. Otro podría ser bajar los costos globales o unitarios para liderizar en este elemento. Como vemos, las características principales del objetivo es que, además de ser cuantitativo, debe estar estrechamente ligado a la **Misión** de la empresa y a la **Visión** de sus accionistas. Tanto estos objetivos como las visiones son revisadas cada cierto tiempo para determinar si, en su establecimiento original, algo no se tomó en cuenta, o si las condiciones externas a la empresa, o internas en ella, han sufrido modificaciones. En las empresas que se manejan seriamente, la claridad de los **Objetivos** es fundamental puesto que es la que permite reunir los recursos financieros, tecnológicos, materiales, de mercado y humanos para alcanzarlos en el tiempo previsto por los planificadores. Si se trata de una empresa productora de artículos de consumo masivo, los objetivos cuantitativos establecidos son los que van a permitir abrir nuevas plantas de producción o modernizar las ya existentes; emplear o despedir personal, obtener interna o externamente los recursos financieros necesarios, abrir nuevas vías de comercialización y emprender o no nuevas estrategias comerciales o de publicidad.

Algunas veces los objetivos de un plan estratégico determinado pueden ser de gran alcance tal como entrar en nuevos mercados o automatizar la producción de bienes con lo que se podría afectar a la masa trabajadora que labora de acuerdo a procedimientos tradicionales más costosos. Por ello, los **Objetivos** solos no son suficientes sino que deben estar acompañados por las maneras o vías para alcanzarlos en el mercado real. A estas maneras o vías se las conoce como estrategias y cada objetivo debe estar acompañado por un grupo de estrategias empresariales que lo hagan posible.

Algunos autores definen la Planificación Empresarial con el nombre de "Dominio", y llaman "Definición del Dominio" al conjunto que abarca la **Visión**, la **Misión** y los **Objetivos** y "Navegación en el Dominio" a las estrategias y tácticas que no son más que las actividades concretas que permiten alcanzar lo ya definido.

Estrategias y Tácticas Empresariales

Las estrategias son intenciones concretas que llevan a decisiones en el campo productivo o comercial. De forma que la estrategia definida anuncia acciones concretas si se desean lograr los **Objetivos** en el tiempo estipulado. Las Estrategias de Negocios son las decisiones en el plano competitivo que se hacen para un producto o servicio en un mercado específico. Si el objetivo fue lograr ventajas competitivas, la estrategia de negocio estará constituida por las acciones generales para lograr esas ventajas y si el objetivo fue el desarrollo de competencias únicas dentro de una rama específica, las estrategias deben apuntar en esa dirección. Algunas veces las estrategias y las tácticas empresariales se confunden puesto que la definición de "Táctica" implica también las vías concretas para lograr los **Objetivos,** pero con una diferencia: las tácticas son vías más detalladas que se acometen una vez que se han delineado las estrategias. Tienen más que ver con el día a día operacional que con acciones de mediano plazo y son variables como respuesta al entorno operacional, laboral o de mercado en el que la empresa se desenvuelve. Los resultados de aplicar las tácticas pueden llevar, en la revisión periódica de la planificación estratégica, a modificar las estrategias. Los resultados generales en el mediano y largo plazo pueden llevar a la modificación de los **Objetivos,** a redefinir la **Misión** y a revisar la **Visión.**

Desarrollo de Estrategias

Cualquiera que sea la metodología de análisis planificador en una empresa, normalmente el proceso incluye cinco tipos de análisis:

Análisis del Entorno y Pronóstico de Tendencias

Análisis Organizacional con Auditoria de Recursos

Análisis Estratégico

Evaluación de las Estrategias Vigentes

Análisis Cultural Empresarial

Análisis del Entorno

Recientemente, mucho de lo que se ha escrito en cuanto a las estrategias de negocios, incorporan metáforas militares en los que se hacen semejanzas entre la competencia económica y las batallas. Al igual que en la guerra, la relativa irreversibilidad y el compromiso a largo plazo que conllevan las decisiones estratégicas, hacen que sea crucial el análisis del entorno para elaborar en forma efectiva una estrategia de negocios. Hay que reconocer, sin embargo, que el entorno es cambiante, no continuo y, a menudo complejo, volátil y posiblemente hostil al negocio. Por ello, la elaboración de las estrategias debe ser un proceso gerencial continuo, como dispararle a un blanco que en todo momento se está moviendo.

Componentes del Entorno

Puede pensarse que el entorno consiste de dos partes que se solapan: Entorno General y Entorno de la Empresa. El primero incluye aquellos elementos que afectan a todas las organizaciones en una cultura particular, por ejemplo, en un país incluyen las decisiones políticas y las instituciones gubernamentales, la propia cultura y las tendencias sociales, el estado de la economía y de los mercados e instituciones financieras, las leyes, el sistema de impuestos y el desarrollo científico y tecnológico. El Entorno de la Empresa, por otro lado, consiste en aquellos elementos que afectan en forma directa a la organización. Ellos incluyen ciertas cosas como la estructura básica de la industria: cantidad y tamaño de las empresas, grado de interacción e interdependencia entre ellas, la naturaleza de la estructura de costos, la naturaleza, tipos y características de los mercados – reales o potenciales – al que la organización le provee de bienes o servicios. Todos ellos, a su vez, van a dictar la naturaleza de la demanda.

Los principales componentes del entorno se listan a continuación:

I. Entorno General
A. Macroeconomía
B. Demografía
C. Sistema Sociocultural
D. Sistema Político-legal
E. Tecnología

II. Entorno de la Empresa
Consumidores y Mercados
Distribuidores
Usuarios Finales
Competidores
Por Mercados
Por Recursos
Proveedores

De Recursos Materiales
De Recursos Humanos
De Capital
Reguladores
Gobierno
Sindicatos
Grupos de Intereses Especiales
Tecnología
Velocidad de Desarrollo
Sustitutos Potenciales del Producto/Servicio
Etapa del Producto o de la Industria

Dos Modalidades de Análisis

Vamos a comentar dos tipos de análisis de entorno: Uno desarrollado por el profesor David Jemison de la Universidad de Stanford en California y otro por Peter Schwartz de Global Business Network, también en California.

El profesor Jemison parte de la premisa de que la alta gerencia de una empresa está interactuando, en forma constante, con los diferentes componentes de su entorno de modo que los gerentes de finanzas se ven continuamente con banqueros, los de mercadeo con sus consumidores y los de producción con sus proveedores, por lo que el equipo gerencial, en forma colectiva, tiene una buena idea de las tendencias que privan en el entorno. El análisis entonces propuesto incluye tres pasos: individual, discusión de grupo y negociación para adquirir consensos.

En el análisis individual, cada gerente involucrado debe abocarse al siguiente proceso conceptual: Pensar en dónde estaba situado y qué estaba haciendo durante los eventos importantes ocurridos en los pasados diez a veinte años. Como paso siguiente, examinar los desarrollos ocurridos desde esa fecha en su empresa, en el país y en el mundo, llámese subida abrupta de los costos de energía, en tecnología, variables macroeconómicas, recesiones o bonanzas. A partir de allí, el individuo debe poder identificar las tendencias que se han presentado en su entorno. Debe ahora considerar el entorno general en el que su empresa opera y pensar hacia delante, hacia los próximos diez o veinte años tratando de: (1) identificar las tendencias más importantes que afectarán la supervivencia y bienestar de su empresa, (2) estimar la fecha en que tales tendencias impactarán a su industria y a su firma, (3) citar las evidencias que sirven de soporte a su creencia de que lo que ha identificado es una tendencia importante y (4) jerarquizar las tendencias en orden decreciente de importancia. En el análisis hay preguntas que debe hacerse que son importantes tales como: ¿Existen eventos políticos o sociales recientes que van a afectar a mi empresa? ¿Cuáles son las condiciones económicas del presente o que pueden desarrollarse en el futuro que nos pueden afectar? ¿Qué innovaciones tecnológicas o mejoras es posible o probable que pueden afectar a las materias primas, a los procesos de producción, a los productos terminados o a los consumidores? ¿Cómo reaccionaremos, nosotros y nuestros competidores a los cambios?

El paso próximo es hacer que cada gerente comparta sus percepciones con tres o cuatro otros gerentes y que el grupo arribe a un consenso sobre las cinco tendencias más importantes para la empresa. Finalmente, se comparan los resúmenes de cada grupo y se llega al pronóstico de consenso sobre las tendencias y sobre su impacto.

Peter Schwartz y la Planificación por Escenarios

El historiador francés Fernand Braudel ofreció una manera coherente de entender al mundo. En sus tres volúmenes históricos "Civilización y Capitalismo entre los Siglos XV y XVIII", describió tres niveles distintos de actividad: primero, las alianzas políticas que condujeron a una economía internacionalmente conectada; esto a su vez reflejó una nueva serie de ciclos económicos en la medida en la que iba surgiendo el nuevo sistema capitalista. Y, por debajo, existió una evolución gradual y constante en las actividades cotidianas: es decir, en la forma cómo la gente acudió al mercado y al trabajo en miles de comunidades en Europa. Según Braudel, existe una "lógica" en las tramas que unen a los elementos de un sistema determinado. Todos los ciclos humanos y económicos parecen tener una trama similar, la de fortunas subiendo y bajando, por ejemplo. Todas las evoluciones funcionan más o menos de la misma forma y hay un patrón reconocible en la conducta de las alianzas políticas.

Para explicar el futuro, los planificadores por escenarios usan el mismo tipo de lógica. Ellos describen cómo las "fuerzas motrices" pueden comportarse en forma plausible, basados en cómo esas fuerzas se comportaron en el pasado. El mismo conjunto de fuerzas motrices pudiese, claro está, comportarse en una variedad de formas distintas, de acuerdo a las tramas distintas que puedan crearse. Los escenarios exploran dos o tres de esas alternativas basados en las tramas (o combinación de ellas) que lucen como más propias a ser consideradas.

Para identificar cuáles tramas pueden ser las más plausibles, es necesario considerar las incertidumbres. Por ejemplo, si una empresa editora de libros está considerando su integración con otras empresas afines que abarcan otros aspectos de la comunicación, tendrá que evaluar cuáles factores la han conducido al éxito o al fracaso en el pasado y cuáles han sido los resultados de los movimientos integradores en general y, por ejemplo, qué ha pasado cuando una sola empresa ha controlado todos los elementos del medio comunicacional. Es posible que de este análisis salgan varias tramas plausibles y ambas deben ser explorados de manera de trazar estrategias para cada una de las eventualidades que se cree que puedan surgir.

La pregunta sería: ¿Cómo se construye una trama? Para su descripción, vamos a pasearnos por todos los escenarios en los que Peter Schwartz ha tomado parte para ver de cerca qué cosas toma en consideración. Lo primero que se hace es reunir un equipo conocedor de la decisión que se estuviese considerando. A cada miembro, por anticipado, se le ha pedido que haga su investigación particular sobre el tema en cuestión y, en especial, sobre las eventuales incertidumbres. Seguidamente, se reúne al equipo por un día entero para que pueda desarrollar ideas que puedan responder a las siguientes preguntas:

¿Cuáles son las fuerzas motrices?
¿Cuáles son las incertidumbres?
¿Qué parece ser inevitable?
¿Qué opinión se tiene acerca de este o aquel escenario?

En esta discusión, llega un punto en que las ideas se entremezclan y pareciese que no hay un camino. Esto lleva a interrumpir el trabajo. Al día siguiente, alguien aparece y dice: "Anoche se me ocurrieron algunas ideas para un escenario" y lo detalla. Esto puede provocar que alguien diga "Y esto lo puede complementar". Este punto de inflexión en la discusión establece el camino necesario para la formulación de ése y de otros escenarios.

Peter Schwartz a menudo compara esta parte del proceso de escenarios con la tarea de escribir un libreto para cine. Existen sólo unas cuántas tramas relevantes y la mayoría se deriva de la conducta de las economías en la vida real, de los sistemas políticos, del avance de las tecnologías y de las percepciones sociales. En la mayoría de los buenos escenarios se intersecan varias tramas, tal como ocurre en muchas buenas películas las cuales incluyen varias sub-tramas. El planificador por escenarios busca estas intersecciones y trata de entender cómo y por qué ocurren; de esta forma, extiende su imaginación hacia cuadros coherentes de futuros alternativos. Es esto lo que le da "textura" a los escenarios. Uno de los propósitos de los escenarios es ayudar a la gerencia a descartar la incredulidad de ciertos futuros. Para lograr esto, se deben construir las tramas, en una forma cuidadosa, llegando al punto, en el cuento, en donde comenzamos a divergir hacia futuros alternativos. Si se trata de una empresa, debemos diseñar al menos una alternativa que asuste a la gerencia en forma tal que pueda pensar que lo mejor es –aunque no con tanto énfasis – cerrar la compañía. Según Schwartz, hay que pedirles a los gerentes que consideren un futuro de mercados que se contraen o, incluso, una compra hostil con la cual tienen que lidiar.

Cuando tratamos de describir las fuerzas políticas, debemos recordar que, a menudo, los líderes de las naciones son sólo una expresión de las fuerzas que existen en sus propias sociedades. Por ejemplo, si un grupo formulador de escenarios hubiese hecho este ejercicio en 1977, hubiese concluido que un escenario posible iba a ser la presencia de la resistencia fundamentalista a la occidentalizacion y un posible gobierno bajo el Ayatolá Khomeini. De igual forma, en condiciones normales, los dirigentes de una empresa conforman el patrón de esa empresa por lo que el planificador por escenarios debe definir las fuerzas dentro y fuera de la empresa y analizar cuáles tramas se ajustan a ellas.

Ganadores y Perdedores

La mayoría de los escenarios comienzan con una percepción: un motivo que impulsa a los personajes. El que vamos a describir comienza con la percepción de que el mundo está esencialmente limitado, que los recursos son escasos y que, si uno se hace más rico, la consecuencia es que otro u otros se harán más pobres. A esto el economista Lester Thurow lo llama "un juego suma cero". Esto ocurre en la política y en empresas que se desenvuelven en industrias muy maduras. En política, un solo candidato gana la elección por lo que los otros deben perder. Igualmente, en las empresas maduras, sólo uno de los ejecutivos llega a ser presidente, sus rivales deben irse.

En una situación de ganadores y perdedores el conflicto es inevitable. A menudo, las partes llegan a un compromiso para lograr un balance de poder lo que típicamente conduce a una acumulación gradual de tensiones, sospechas y difíciles o incómodas alianzas. Este es el juego del ganador.

Estos tipos de tramas llevan a alianzas escondidas. En una forma extraña, se llega a alianzas pragmáticas ya que "con quien" estamos resulta ser más importante que lo que deseamos lograr políticamente. Un ejemplo lo fue el pacto de "no agresión" firmado por Stalin con Hitler en 1941. En el Medio Oriente la lógica ha sido que "el enemigo de mi enemigo es mi amigo" y así, los Estados Unidos ayudaron a Irak en contra de Irán en la guerra de 1979-1989, e Israel ayudó a Irán durante la misma guerra a pesar de la alineación de Israel con los Estados Unidos; o los Estados Unidos ayudaron a los talibanes a montarse en el poder en Afganistán sólo para que derrotaran a los soviéticos, sus enemigos de entonces. Todo aquel que piense en términos de escenarios de ganadores y perdedores debe estar preparado para la probabilidad de un conflicto permanente y persistente.

Retos y Respuestas

En el verano de 1987, P. Schwartz miró al futuro de las finanzas globales en la Bolsa de Londres haciendo énfasis en el déficit norteamericano y en la crisis de la deuda latinoamericana. En ese momento, la forma tradicional de pensamiento económico admitía solo dos escenarios: o el sistema económico se estrellaría y llevaría a una prolongada depresión o, "de una manera mágica", derrotaríamos los problemas creados por estos desbalances financieros internacionales en una forma permanente y alcanzaríamos una estable prosperidad. Estos escenarios extremos carecían de sentido como lo apuntaba Ariyoshi Okimura, el jefe economista del Banco Industrial del Japón: "No creo que estos imbalances van a destruir el sistema ni van a desaparecer, lo que va a pasar es que aprenderemos a manejarlos". Okimura estaba en lo cierto, pues a partir de esa fecha la economía ha sido volátil, con muchas caídas y levantadas, y con muchos ganadores y perdedores, pero ha sido resistente. En la medida en la que han aparecido nuevos problemas, tanto los inversionistas como los países han aprendido a adaptarse. Habremos visto eventos que nos llevan hasta extremos pero el sistema, como tal, ha permanecido. El término "reto y respuesta" está relacionado con la escritura de libretos en la que el héroe esta sometido cada vez a una nueva aventura de la cual emerge victorioso pero en cierto modo modificado.

En 1973, al sentir los embates de la repentina subida de los precios petroleros, los Estados Unidos reaccionaron con un escenario de ganadores y perdedores declarando: "Esto es temporal y, seguro, que al final saldremos vencedores". En el lapso de un año ya los Estados Unidos estaban importando la mitad del petróleo que consumían. Japón, a su vez, respondió con una modificación de su estructura de capital para convertirse en la economía más enérgicamente eficiente. Hoy por hoy, los autos japoneses son los más eficientes del mundo.

El medio ambiente ofrece otro caso interesante. Por muchos años se ha percibido la relación entre el medio ambiente y la economía como un juego suma-cero, en el cual no se puede aspirar a un medio ambiente limpio con crecimiento económico. El público se metió en un debate sin fin en el cual aire limpio significaba "gastar" dinero y no una inversión provechosa. En los últimos veinte años se ha probado que es posible tener ambas cosas a través de nuevas tecnologías que eliminan el derroche y ahorran energía con el resultado de menos contaminantes al ambiente.

Evolución

El esquema de evolución más común en el mundo es el de la tecnología. Las nuevas innovaciones crecen en una forma "biológica": brotando lentamente de tecnologías previas, madurándose continuamente y, finalmente, irrumpiendo en el mundo. A principios de los años ochenta, los nuevos tipos de microchips, sensores y dispositivos controladores, permitieron la aparición de máquinas robots con capacidades insospechadas. Los inventores prometieron que venderían alrededor de dos mil millones de robots en pocos años; sin embargo, vendieron apenas un 10% de esa cifra ya que antes de que las nuevas máquinas fuesen admitidas, había que pasar por un período de aprendizaje en el cual los clientes o usuarios descubrieron que los robots no actuaban siempre como se deseaba. Muchas veces los innovadores tecnológicos fallan en predecir su propio crecimiento porque no toman en cuenta el período de aprendizaje y no consideran el crecimiento tecnológico como un proceso evolutivo.

La tecnología también está sujeta a evolución porque las nuevas herramientas normalmente entran en un mundo en donde ya hay herramientas existentes creadas para la tecnología anterior. Por ejemplo, los automóviles no funcionarían sin el asfaltado de calles y carreteras, la existencia de oleoductos, la fabricación de neumáticos, las plantas que los producen, el diseño de motores, las líneas de ensamblaje y la amplia red de carreteras y calles. Por ello, para la introducción de autos eléctricos es necesario hacer grandes modificaciones tecnológicas en muchos aspectos. Igualmente, cualquier escenario en materia tecnológica debe incluir una comprensión de los sistemas políticos y sociales que lo rodean.

Otros tipos de tramas incluyen **Revolución**, es decir, un cambio dramático, usualmente impredecible en su naturaleza. Aunque las revoluciones no son comunes en los negocios, sí lo pueden ser en lo que atañe a la política, en particular en países de baja o nula tradición democrática; por ello, cuando se construye un escenario basado en los elementos anteriores habría que preguntarse siempre: "¿Dónde pueden presentarse las discontinuidades?". El ejemplo de los desastres ocasionados en el año 2005 por una temporada record de huracanes y tormentas que asolaron diversas regiones de Centroamérica, Méjico y los Estados Unidos, representa un tipo de discontinuidad difícil de predecir para cualquiera que estuviese invirtiendo en hotelería en Cancún o en cualquier tipo de negocio en la ciudad de Nueva Orleáns, cuyo 80% resultó devastada por la rotura de los diques que la separaban y protegían del mar luego de la destrucción provocada por el huracán Katrina.

Una trama valiosa para todo aquel que use planificación por escenarios en Venezuela es la llamada de **Ciclos.** Y lo es, puesto que la economía venezolana, desde la década de los treinta, ha estado severamente influenciada por los precios petroleros a nivel mundial. Los eventos económicos, a menudo, se presentan en forma cíclica, por lo que para construir escenarios económicos vale la pena profundizar algo en teoría económica. Si en un país se incrementa el suministro de dinero, las tasas de interés normalmente deben bajar y viceversa: si el dinero escasea las tasas deben subir. Bajas tasas de interés hacen que el público se endeude más y gaste más lo que, a su vez, puede llevar a inflación lo que trae como consecuencia una restricción del suministro de dinero para combatirla.

En el caso del petróleo, cuando la demanda supera el suministro, los precios se incrementan, fenómeno visto en los años 2003 al 2005. De un precio de crudo marcador alrededor de 25$ el barril, la cifra alcanzó algo más de 60$ el barril ayudado por los desastres ocasionados en las plataformas de producción del Golfo de Méjico por los huracanes Katrina y Rita. Un incremento de esta naturaleza no debería ser sostenible en el largo plazo pues debe generar reacción en el consumidor. Esta reacción puede ser de diversa índole: menos uso de los automóviles, preferencia por la compra de automóviles más eficientes, o migración hacia tipos de energía no petroleras. Sin embargo, hay una reacción de corto plazo: mayor inversión para buscar más suministro valiéndose de los adelantos tecnológicos en materia de exploración y producción. Estos tipos de acciones deberían provocar un nuevo equilibrio entre la oferta y la demanda a nivel mundial y una caída lenta o rápida de los precios. Es por ello que cualquier escenario para Venezuela debe tomar en cuenta este factor que siempre se ha presentado en el pasado. Si el gobierno de un país petrolero se ha comprometido financieramente – nacional o internacionalmente – basándose en los ingresos que el petróleo le iba a aportar sin pensar en lo cíclico de ese negocio, puede llevar al país a una situación de extrema peligrosidad en materia de su economía.

Un caso relativamente reciente ocurrió a principios de la década de los ochenta cuando el gobierno de turno en Venezuela pensó que la bonanza económica ocasionada por la abrupta subida de los precios por el embargo petrolero de 1973 y la caída del régimen de Irán iría a ser de más larga duración. El resultado para Venezuela fue, como ya explicamos en un capítulo anterior, el de una pérdida en el valor de su moneda la cual no ha podido ser restablecida hasta el presente.

Una vez realizado el análisis del entorno en sus ámbitos externos e internos de la empresa, la tarea inmediata es el análisis de la organización que pretende alcanzar los objetivos aprobados.

Análisis Organizacional

Existen dos aspectos que permiten juzgar el estado de la organización de la empresa: la Arquitectura y la Calidad. Por la primera se entiende la manera en la que la empresa está organizada en centros de responsabilidad o de negocios y los sistemas que sirven de coordinación entre tales centros. Por Calidad se entiende la medida de las fortalezas y de las debilidades de la compañía. En esta sección nos vamos a ocupar de estas fortalezas y debilidades, lo que se conoce como la Auditoría de los Recursos.

Este tipo de auditoría puede realizarse a dos niveles: global y específico. En el global, la gerencia identifica la competencia característica de la empresa, lo que es muy importante puesto que representa el conjunto de factores que la distinguen de sus competidores y hace que sus productos o servicios sean atractivos a los consumidores. Un ejemplo sería la relación especial que se tiene con los proveedores o la capacidad para entregar a tiempo o de desarrollar un nuevo producto. En el nivel específico, la gerencia debe identificar las fortalezas y debilidades en por lo menos seis áreas: financiera, recursos humanos, material, tecnológica, gerencial y de mercado. En el caso de las finanzas, pareciera el más fácil de realizar por la cantidad de herramientas que permiten la comparación en una forma objetiva. Por el contrario, evaluar los recursos humanos puede ser la tarea más difícil puesto que, a los elementos tangibles como lo son las inversiones en reclutamiento, entrenamiento y experiencia, se añaden elementos intangibles tales como la lealtad y el compromiso de la fuerza laboral además de la creatividad y voluntad de cooperar o de adoptar nuevas tecnologías o métodos de trabajo.

Los aspectos más tangibles en la evaluación lo representan los recursos materiales puesto que ellos son las plantas, el equipo, los edificios y otras instalaciones. Este examen permite determinar su condición y cuán adecuados están para el volumen y la naturaleza de lo que se desea emprender. En cuanto a la evaluación en el área tecnológica hay que juzgar si la que se posee es de punta o ya está más que probada, o, por el contrario, obsoleta. Un aspecto interesante en esta evaluación es cuánto de la tecnología sirve únicamente para un propósito. Por ejemplo, la industria siderúrgica está cargada de una serie de activos que sólo sirven para la producción de acero y no se pueden adaptar a otros usos; en contraste, la industria de la electrónica tiene la flexibilidad de adaptar su tecnología a nuevos productos.

Realizado este grupo de ejercicios, la alta gerencia está ya en disponibilidad de establecer su estrategia corporativa y sus estrategias funcionales y de determinar el lapso de tiempo en el cual están serán aplicadas. El resultado se conoce como Plan Estratégico o de Negocios de la empresa. Estos planes se revisan, por lo general, cada año.

CAPITULO XIV

Pobreza y Riqueza

En un capítulo anterior hemos señalado algunas condiciones que han hecho que un pequeño grupo de naciones se hayan convertido en países ricos mientras que en otras se haya profundizado la pobreza y ampliado la brecha con las economías más productivas. Hemos discutido, someramente, que las razones no están totalmente concentradas en la ausencia de educación, capitales, tecnología o recursos naturales sino en la falta, en los países pobres, de instituciones permanentes que favorezcan el desarrollo de sus economías. Si algo ha caracterizado a los países pobres es la presencia intermitente e imperfecta de una economía de mercado que pueda ser abierta a la inversión, a la competencia y al empleo productivo. Como lo hemos visto, este tipo de economía ha sido la base de la actual prosperidad de los países más adelantados económicamente. Lo otro que hemos señalado es que estas instituciones no fueron creadas por ningún ente particular sino que han sido producto de un lento proceso de evolución en la que la existencia de libertades ha sido el caldo de cultivo para su florecimiento.

Los sistemas económicos modernos son un producto complejo de esas instituciones cuya evolución es de miles de años. Hasta el momento de la aparición de la agricultura, los seres humanos ya tenían posesiones tales como sus herramientas para la caza y la recolección. Sin embargo, la agricultura exigió la aparición de derechos de propiedad sobre la tierra que se estaba cultivando y sobre los animales que se estaban domesticando, y estos derechos no sólo debían ser codificados sino - muy importante - ser reconocidos por todos. Una vez logrados estos derechos, se abrió el campo para la innovación tecnológica ya que reconocida la propiedad sobre la tierra, los animales y las semillas, se pudo comenzar con el proceso de ensayo y error que conduciría a la crianza selectiva de animales y al desarrollo de ciertas especies agrícolas de mayor utilidad. Es difícil pensar que los seres humanos se hubiesen dedicado a estas últimas tareas si no existiese un sistema respetado que les hubiese garantizado la propiedad sobre sus tierras y sobre sus animales. Logrado el avance en una región, no pasaba mucho tiempo antes de que otras regiones lo copiaran en un proceso de difusión espontáneo, no dirigido.

Los próximos pasos en la evolución de la vida económica moderna tuvieron lugar en Europa, en particular en la antigua Grecia, en donde se comenzó con la organización de la producción y el comercio y se inventaron, aunque rudimentariamente, ciertos conceptos de negocios y de su administración. Si recordamos bien, la Grecia antigua era una sociedad pluralista y sus habitantes comenzaron a cuestionar la naturaleza y estructura de su organización social. Este espíritu de cuestionamiento estuvo lamentablemente dormido a través de la Edad Media y sólo revivió al final de ese largo período. El Renacimiento, centrado en Italia, estuvo caracterizado por el pluralismo y la experimentación en el arte, la arquitectura y la literatura, pero también se extendió este pluralismo a la organización económica, a sus instituciones y, como resultado, a la realización de nuevos proyectos. Se desarrollaron los mercados de riesgo y de capital y, con ellos, la idea de que se podía negociar papeles a la vez que "commodities". Esto representó el comienzo de los mercados bursátiles modernos puesto que se desarrollaron negocios totalmente diferenciados de los individuos que los manejaban tales como los bancos y las compañías comerciales.

Al Renacimiento siguió la Reforma, con sus centros en Alemania e Inglaterra esta, como es sabido, rechazaba la autoridad establecida de la Iglesia Católica. A partir de ese momento, el foco del desarrollo económico europeo se mudó al norte. La correlación entre el crecimiento de las instituciones económicas y el crecimiento del Protestantismo parece ineludible; sin embargo, la naturaleza de la conexión es controversial. Por ejemplo, el estudioso Max Weber explica cómo la fe en la predestinación condujo a la moralidad austera y al duro trabajo, esencia de lo que aún llamamos la ética protestante. Por su parte, R. H. Tawney y Robert Merton le dan un gran peso al fermento intelectual que siguió a la desaparición del autoritarismo eclesiástico, es decir, la oportunidad de poner en discusión las ideas y prácticas establecidas que son esenciales en la co-evolución de la tecnología y de las instituciones. La combinación de un rigor moral y la posibilidad del cuestionamiento libre son las bases del pluralismo disciplinado que ha sido la característica que ha definido a la economía de mercado exitosa.

Como ya se apuntó, Gran Bretaña y Holanda se convirtieron en las mayores naciones comerciales en los siglos XVII y XVIII. Mientras España andaba en busca de honor a través de las guerras, y oro mediante la explotación hispanoamericana, las colonizaciones británica y holandesa estuvieron manejadas por empresas tales como la East India Company y la Vereenigde Oostindische Compagnie, cuyos propósitos no eran la catequización sino la explotación comercial.

Dos Formas de Colonización

Los peregrinos originalmente ingleses que llegaron a las costas de Massachussets en el siglo XVII, eran protestantes sectarios pero, a la vez, personas cuyo objetivo era hacer producir las tierras que iban encontrando a su paso. Su sectarismo los llevó a aceptar solamente personas que comulgaban con sus ideales de moralidad y trabajo duro. Por ello se explica la presencia de los cuáqueros en el valle del río Delaware, puestos que en gran parte, este grupo compartía los ideales de los primeros. Estos dos grupos implantaron en Norteamérica las mismas instituciones que habían sido su guía en Inglaterra y Holanda. Uno de los hitos institucionales importantes, fue el reparto de la tierra: a cada colono se le asignó lo que podía desarrollar con su propio esfuerzo. Adicionalmente, dos de las instituciones fundamentales implantadas fueron el concepto de familia como núcleo vital de la sociedad y el respeto a la Ley y a los principios de convivencia. Es bueno recordar que su sectarismo era, en cierto modo, producto de su resistencia a las persecuciones de que fueron objeto tras la caída del gobierno de Oliverio Cromwell y el restablecimiento, aunque no en forma absolutista, de la monarquía inglesa.

Lo que estos grupos hicieron en América del Norte, fue trasladarse con todo su grupo familiar, su estilo de vida, su manera de educar a los jóvenes, su forma de entender la justicia, su respeto irrestricto las leyes y su manera de entender y vivir una religión que no requería intermediarios para establecer el contacto con el Ser Supremo.

La colonización española no tuvo peregrinos. España en el momento del descubrimiento, estaba atravesando un momento culminante de su reconquista, una cruzada política y religiosa que se extendió por siete siglos y que modeló, en sumo grado, el carácter del peninsular que, en el siglo XVI, arribó a América en labores de conquista. Para esa época, las instituciones pluralistas y relativamente libres de Inglaterra no eran conocidas en España puesto que, ante la amenaza del protestantismo a la autoridad eclesiástica, el país se transformó en el paladín de la contra-reforma. En la España de los siglos XV y XVI, las ideas no se discutían, se acataban. Con esta carga ideológica vinieron los conquistadores, pero no a ser colonos sino a la búsqueda del rápido enriquecimiento a través de la explotación minera, y a la explotación de la tierra con el trabajo de los nativos. La repartición de la tierra no se hizo de acuerdo a las necesidades de desarrollo familiar, como en el norte, sino centralizada por la corona y como una forma de gracia para todos aquellos que algún beneficio pudiesen darle a los que administraban el reparto. Fue la ausencia de instituciones, y el empeño por la gloria personal, lo que hizo que la mayoría de la plata sacada de Hispanoamérica fuese a parar a las arcas de los comerciantes e industriales, primero de Italia y luego del norte europeo. Como contraparte, sus países eran capaces de producir lo que requería la satisfacción de los gustos de una corona y de una corte ávida de lujos y de armas.

Los Estados Unidos de América

En el año 1700, el producto per-cápita en Méjico era de 450 dólares de 1985; en las colonias que luego formaron los Estados Unidos, sólo un poquito mayor: 490. Cien años después, Méjico se mantenía en $ 450 pero los Estados Unidos habían subido a 807. En 1989, Méjico había escalado a 3500 y los Estados Unidos a 18300. Estas historias económicas tan divergentes entre Norteamérica y Latinoamérica, requieren una explicación múltiple; sin embargo, para muchos economistas, la razón fundamental, hasta hace algún tiempo, era la presencia o ausencia de recursos naturales. Norteamérica abundaba en estos recursos: grandes extensiones de tierras fértiles y vírgenes; un clima ideal para el cultivo de plantas como el algodón, tan importante en los siglos anteriores; ricos depósitos minerales; abundancia de maderas y carbón para ser usados como combustibles; posteriormente, petróleo para alumbrado y lubricación y luego para los motores de combustión interna; cobre para la naciente industria eléctrica; vías de comunicación: amplias bahías, caudalosos ríos y extensas llanuras. En este aspecto, los Estados Unidos estaban más favorecidos que el resto del Nuevo Mundo.

A pesar de esta interpretación basada en los recursos, una nueva corriente tiene una explicación diferente: Si examinamos la parte norte de los Estados Unidos, nos damos cuenta de que el clima es, y fue siempre, una limitante para la producción agrícola, y antes de mediados del siglo XIX, la carencia de maquinarias (aún no inventadas) dificultaba la existencia de grandes extensiones de cultivo que pudiesen compensar lo corto de la temporada de siembra y cosecha. Igualmente, no abundaban los trabajadores del campo ya que la sociedad – particularmente la de los estados del norte - estaba integrada por pequeños propietarios y, prácticamente, todos los habitantes del campo caían bajo esta clasificación. De hecho, muchos de los trabajadores no propietarios llegaban a los Estados Unidos bajo contrato de servidumbre de cinco años. Una vez cumplido ese lapso, buscaban la manera de ser también propietarios.

Esta sociedad de pequeños propietarios y trabajadores bien pagados - por su escasez , además de la herencia democrática que traían de ciertas zonas de Europa, fue la simiente de la democracia norteamericana y de su orientación empresarial. La igualdad generada llevaba a la alta auto-estima; a la ambición por mejorar sus respectivas situaciones; a entrar a competir en el mercado abierto y, en general, a un espíritu de individualismo y pugnacidad, característica de sus habitantes. Al mismo tiempo, la propiedad modesta los animó a ser técnicamente auto-suficientes y a poseer la mentalidad de arreglar lo que se dañara. Cada granja tenía su propio taller y en cada uno de ellos se ensayaban mejoras ya que el ingenio no sólo les traía comodidad e ingresos sino status y prestigio. Los buenos trabajadores se convertían en la envidia de sus vecinos y en los héroes de sus comunidades. Al mismo tiempo, los altos salarios que había que pagar para contar con ayuda en las labores del campo, llevaron a sustituir la labor por el capital y a los hombres por las máquinas

Como resultado, las nuevas tecnologías creadas por la Revolución Industrial, encontraron campo fértil en las colonias americanas y luego en el país independiente. Por otro lado, la necesidad de autoabastecerse en un mundo de difíciles comunicaciones, dio paso a la manufactura local, fenómeno que ya era evidente en las comunidades cuáqueras en la última mitad del siglo XVII. De tal manera que para finales del siglo XVIII, Nueva Jersey y Pennsylvania se habían convertido en los corazones industriales de la joven nación. Para el momento de la revolución norteamericana, ya había en las colonias alrededor de doscientas instalaciones para la producción de hierro con un rendimiento de más de 30.000 toneladas anuales, sólo superado por Gran Bretaña, Francia, Suecia y Rusia. Además de producir el metal, también refinaban, daban forma, cortaban, laminaban y llevaban a cabo una serie de operaciones de acabado para la fabricación de herramientas y objetos diversos, entre ellos, armas, altamente necesarias en un país cuya frontera se expandía continuamente. La caída de la demanda inglesa a finales de ese siglo XVIII llevó al Parlamento inglés a prohibir la importación de artículos norteamericanos, con lo que las colonias llegaron a la conclusión de que era necesaria la autonomía económica.

Este desarrollo de las colonias del norte de los Estados Unidos, no fue paralelo en las colonias del sur del mismo país, las cuales dependían de aquellas para el suministro de artículos metálicos y, sobre todo, de armas. Una de las razones esgrimidas para la derrota de los sureños en la guerra civil de mediados del siglo XIX, fue la relación de 32 a 1, favorable a las colonias del norte en la producción de armas. Esta inferioridad y dependencia tecnológica continuó casi hasta nuestros días. Los centros manufactureros del sur fueron pocos y, a menudo, financiados o poseídos por capitalistas norteños en industrias de poco rendimiento por trabajador tales como las de algodón o las maderas. Se han dado muchas explicaciones para esta diferencia. Una de ellas pudo haber sido la mentalidad o el talento poco emprendedor de la clase dirigente acostumbrada al sistema esclavista de plantaciones.

Para 1820, los Estados Unidos ya superaban a Gran Bretaña en productividad manufacturera. La razón para este avance parece estar en el tipo de trabajador de las fábricas: En Inglaterra el grueso del trabajador estaba constituido por gente muy pobre: hombres, mujeres y niños que difícilmente podían negarse al trabajo que se les ofrecía. En Norteamérica hubo que hacer que las condiciones de trabajo fuesen aceptables: mejores salarios, condiciones decentes para el trabajo, hasta llegar en algunos lugares a la dotación de bibliotecas y salones para el disfrute de la música. Y esto no era por gracia del empleador, sino por necesidad, ya que no abundaba el que ofreciese su esfuerzo por un salario. Esta abundancia de trabajadores, como puede sentirse en el libro de Upton Sinclair "The Jungle", sólo vino a aparecer cuando la situación económica europea de finales del siglo XIX, puso en las playas americanas millones de depauperados trabajadores capaces de aceptar cualquier condición.

En todo este desarrollo la innovación americana más importante fue el modo de producir - lo que se conoce como estandarización -, la cual buscó la simplificación de las tareas haciéndolas repetitivas y, por lo tanto, incrementando la productividad. El "sistema americano" estableció de esta manera estándares de productividad para el resto del mundo industrial. En 1870, los Estados Unidos poseían la economía más grande del mundo y, para 1913 la producción norteamericana era dos veces y media la del Reino Unido, y cuatro veces la de Francia. Este sistema americano creó un nuevo mundo de consumismo insaciable, creado por el enfoque en el mercadeo, en las ventas a plazos, en el crédito, en las ventas por catálogos y en el derecho respetado del inversionista a tener retornos sobre su inversión. Junto con todo esto, algo muy importante: Una legislación que favorecía los derechos sobre la propiedad privada y todo un estamento jurídico que protegía al ciudadano, pobre o rico.

Latinoamérica

El patrón latinoamericano difirió en mucho del estadounidense. Como ya hemos visto, en sus comienzos las colonias españolas, en general, no eran más pobres que las colonias del norte y esto no sólo atañía a su riqueza minera, sino también a su producción agrícola en zonas templadas tales como Méjico y Argentina. Sin embargo, las minas de oro y plata probaron ser activos perecederos, y ya, para finales del siglo XVIII, cuando los Estados Unidos habían adquirido su independencia, habían sobrepasado a sus vecinos del sur en ingreso per cápita y en la distribución de la riqueza. Este cambio tuvo raíces profundas: mientras los ingleses encontraron una tierra poco poblada que les permitió trasladarse con sus familias y desplazar a la población indígena, los españoles se encontraron con un área densamente poblada y, al haberse desplazado sólo los hombres (por cada diez personas de España o Portugal que cruzaron el Atlántico, nueve eran hombres), no les quedó más remedio que el aparearse con la población indígena ya que las respectivas coronas tuvieron como política la limitación de la presencia de las mujeres europeas en suelo americano. Cuando la población nativa sucumbió a la violencia, al agotamiento, a la desesperación y a las enfermedades, los españoles y portugueses importaron mano esclava del África. No hubo oportunidad para la importación de inmigrantes europeos de otros países debido a la política imperante en ambas coronas, lo cual privó a sus colonias del conocimiento y de las tecnologías altamente necesarias, sin mencionar las ventajas culturales de un ambiente de diversidad y de reto intelectual que hubiese creado un insaciable apetito por la educación, como ocurrió en otras latitudes.

El apareamiento interracial fue inevitable y, antes de que los principios religiosos impusieran la monogamia, los primeros conquistadores tenían pequeños harenes, creándose una población de mestizos, más numerosos que los blancos, de condición social más baja que estos, pero superior a la de los nativos. Estos mestizos se convirtieron en los capataces de las grandes plantaciones en donde el trabajo era realizado por los indios y los negros. Además, comenzaron a desarrollar trabajos "indignos" para el blanco español o blanco criollo tales como el de ser tenderos o funcionarios subalternos. Muy poco de lo que caracterizaba a Norteamérica (habilidades, iniciativa, curiosidad e interés cívico), se podía encontrar en el sur del continente. Esto era herencia española puesto que lo que se hizo fue trasladar la manera de vida y el tipo de sociedad imperante en la península. Los españoles que llegaron al Nuevo Mundo buscaron la riqueza que era lo único que les permitía tener una posición respetable en su patria. Para lograrla, no dudaron, incluso, en sobornar para obtener posiciones gubernamentales en el Nuevo Mundo.

Los contrastes mencionados tuvieron su imagen en las diferencias en los estilos políticos reinantes. Los colonos del norte venían de una sociedad de disentimiento, en cierto modo abierta a ideas foráneas y novedosas. Si bien no faltaba el "puritano" cerrado a cualquier cosa que lo apartara de sus creencias, como todo es relativo, cuando se compara la diversidad y el entusiasmo inglés con la ortodoxia de la Contra Reforma y las ideas religiosas imperantes en España y Portugal, pueden entenderse las diferencias en los enfoques políticos. Los colonos del norte hicieron su revolución independentista escogiendo y definiendo los temas que más los preocupaban. Es curioso recordar que sus temas principales de rebelión eran tanto económicos como los relacionados con la imposición de leyes que los afectaban negativamente sin que se les diese representación en los organismos encargados de emitirlas. Cuando lograron el triunfo, gracias a la intervención de algunos enemigos con que contaba Inglaterra en Europa, ya estos colonos poseían un sentido de identidad, de aspiración económica y de propósito nacional.

En Latinoamérica la independencia fue más el producto de las debilidades e infortunios de España en el contexto de las rivalidades y guerras europeas, particularmente por los efectos de la Revolución Francesa y el surgimiento de Napoleón Bonaparte, que la presencia una ideología colonial como la del norte. Cuando se demostró la incapacidad española de gobernar, y menos a distancia, los hombres fuertes del Nuevo Mundo, valga decir los criollos descendientes de los españoles peninsulares, aprovecharon el vacío de poder resultante y, salvo guerras sangrientas como las registradas en suelo venezolano, la resistencia española que encontraron fue aislada. La independencia latinoamericana se convirtió en pasto para la creación de entidades mal formadas, apresuradas, sin que existiese tradición, excepto el pasado de ser colonias sometidas a la corona. El vacío político resultante dio origen al caudillismo, lo que explica la lamentable historia latinoamericana del siglo XIX, llena de conspiraciones y golpes de estado, con su secuela de inseguridad, malos gobiernos, corrupción y atraso económico. Bajo este sistema, no podía existir, desde el punto de vista político, dirección, identidad ni simbolismo de nacionalidad ni mucho menos medida de desempeño. Dos aspectos negativos caracterizaron el período posterior: el manejo de la ley a voluntad de los gobernantes de turno, y la ausencia de la sociedad civil. El resultado ha sido la de un grupo de aprovechadores del erario público en el tope y una masa empobrecida por debajo.

En tal estado de inestabilidad e inseguridad, ninguna disposición que regulara la autoridad se mantuvo por mucho tiempo y la única institución que hubiese podido hacer una diferencia, la Iglesia Católica, tenía intereses en mantener el status quo ya que era propietaria de extensas tierras. Cuando, en algún momento, los gobiernos intentaron despojarla de esas tierras, se usaron los "trucos" confesionales para mitigar las acciones. Como resultado, las nuevas naciones independientes de Latinoamérica fueron testigos de cambios constantes en el plano económico con resultados casi siempre negativos. Al igual que en la colonia, los factores claves de la economía siguieron siendo la minería, la agricultura, la crianza de ganado y la explotación de los bosques, con el objetivo de crear excedentes que sirvieran para adquirir productos manufacturados extranjeros. Poco se hizo en materia industrial y no existía una visión de desarrollo económico por lo que, al igual que en los tiempos coloniales, los países latinoamericanos siguieron siendo dependientes de las naciones económicamente avanzadas, en particular de la Gran Bretaña, y, al final del siglo XIX, de Alemania.

El cambio en el siglo XX fue que la dependencia se trasladó a los

Estados Unidos. Fueron los extranjeros los que construyeron los ferrocarriles y los puertos. Las grandes potencias prestaron dinero a estos regímenes pobres a intereses altos; construyeron fábricas y arsenales y, naturalmente, fueron acusados de ser culpables de todos los problemas que surgían en las respectivas economías, lo cual, aunque parcialmente justificado, fue dogmáticamente exagerado con lo que se empeoró la situación ya que al darle carácter ideológico a la política económica, se convirtieron los asuntos de naturaleza práctica en temas de principio cuasi-religioso. En este ambiente, pocas industrias pudieron prosperar a finales del siglo XIX, destacándose la textil con Brasil y Méjico a la cabeza. Estos comienzos industriales no generaron una revolución tecnológica interna ya que se siguió dependiendo de la maquinaria importada. Entre las causas pudieron haber estado la falta de capitales – sobre todo internos - y los altos costos de los combustibles y de los materiales de construcción. Era más económico comprar afuera que fabricar internamente. Este fue un grave error puesto que se le prestó más atención a la lógica del día que a los intereses del largo plazo. En todo este panorama latinoamericano surge un denominador común: la ausencia de instituciones perdurables, el desprecio por la propiedad privada y por los medios para obtenerla, favoreciéndose la posesión violenta por los encargados de los gobiernos y la ausencia del respeto a las leyes. La economía es una ciencia social, es decir, depende del comportamiento humano. Si ese comportamiento crea un estado que favorece la arbitrariedad, el irrespeto a la ley, el desprecio por los bienes propios de los individuos y el cambio continuo de rumbos, la economía resultante no podrá contar con los factores de estabilidad que favorezcan la inversión y el trabajo productivo. Sin ellos, no puede haber desarrollo.

Dependencia

Para muchos teóricos del sub-desarrollo, la pobreza de los países pobres es un corolario de la riqueza de los ricos, en un fenómeno que han titulado "dependencia", algo así como el escenario "suma-cero" discutido en un capítulo anterior. Como resultado, para escapar de la posición económica inferior, el paso hacia el crecimiento debe ser fundamentalmente distinto del que experimentaron las naciones que ahora son afluentes. Este argumento ha ganado innumerables adictos entre los economistas y políticos de los estados subdesarrollados y entre algunos habitantes de los países ricos que se sienten avergonzados o culpables de su prosperidad. Los modelos más coherentes de este estado que incluye a una "víctima", fueron desarrollados por la Comisión Económica Latinoamericana (CELA), establecida en 1947, cuyo portavoz más destacado fue el argentino Raúl Presbich. El punto central de este modelo era que la Europa industrializada había impuesto, en las economías periféricas – tales como Argentina y Nueva Zelanda – una obligación de especializarse en bienes primarios: productos agrícolas y recursos minerales. Como el avance tecnológico había estado siempre alrededor de la producción manufacturera, esto había conducido a la generación de una brecha cada vez mayor entre el centro y la periferia. Por lo tanto, las economías periféricas sólo podrían alcanzar crecimiento mediante el desarrollo de sus sectores de manufactura. Así nacieron políticas que en nada difirieron de las que adoptó la India de Nehru y, al igual que allá, resultaron un fracaso en Latinoamérica.

Existen algunos elementos ciertos en la teoría de dependencia ya que las economías ricas en recursos naturales, en lugar de disfrutar de ventajas, pueden a menudo encontrarse en desventaja. Sin embargo, en las últimas décadas ha habido un avance tecnológico apreciable en agricultura, producción de petróleo y minería, a la par que en la manufactura y, como resultado, algunas economías originalmente periféricas – tales como la australiana – han logrado prosperidad. Puede concluirse que las experiencias económicas distintas de Australia y Argentina no se originan en las diferencias en las relaciones entre las economías periféricas y las centrales sino en las instituciones económicas, sociales y políticas de las propias economías periféricas. Hay que concluir que la teoría de la dependencia es una explicación bien pobre del decepcionante desempeño económico latinoamericano; sin embargo, resulta atractiva para muchos sectores pues desplaza la culpa de nuestro desarrollo a las naciones poderosas y, por eso, está muy lejos de desaparecer.

Relación entre economías Productivas y Naciones Ricas

Lo que sigue a continuación está tomado de una de las obras del economista John Kay:

"En la segunda mitad del siglo XVIII, existía muy poca diferencia entre los estándares de vida de Europa Occidental y el resto del mundo. Las veinte naciones ricas que hoy en día representan tres cuartas partes de la producción mundial, producían, en ese entonces, tan solo una cuarta parte. Pero el patrón que ha regido desde entonces ya estaba establecido unos años después, en 1820.... Para ese año, la nación de mayor productividad era el Reino Unido – Véase la Tabla 15.1 – y en las dieciséis que seguían, su productividad superaba la mitad de la de aquel país. Todos los que aparecen en el grupo de los dieciséis son ahora países ricos. En el presente, solo Japón y Finlandia, que eran pobres en ese momento, se han sumado a la lista actual de las naciones ricas. Pareciera entonces que la historia tiene importancia."

"Aun así, el nivel de productividad en 1820 era pequeño si lo llevamos a los estándares modernos. En ese año la producción per capita en los países ricos era tres veces la de los más pobres (India y China). Actualmente la brecha es de treinta a cincuenta veces, y esta profundización de la brecha se hizo casi continua en los dos siglos que han transcurrido desde ese año.. En la primera mitad del siglo XIX, un pequeño grupo comenzó a despegarse y, en cada periodo subsiguiente, otros comenzaron a cerrar la brecha. Estos últimos eran en su mayoría los de mayor productividad, presentándose el fenómeno de que los nuevos países productivos eran estados limítrofes con los ya establecidos. Así que, al igual que la historia, también la geografía es importante."

"Antes de la Primera Guerra Mundial, otros tres países europeos se hicieron productivos: Austria, Francia y Suecia, y puede notarse que los tres se encontraban en la periferia. Noruega emergió primero como un estado independiente y luego como fuerza económica en la primera mitad del siglo XX. El racimo geográfico de las economías productivas continuó expandiéndose luego de la Segunda Guerra Mundial con el acceso de Finlandia, Irlanda e Italia. Si miramos las economías que en el presente son potencialmente productivas – es decir, que puedan calificar como tales antes del año 2050 – se sigue haciendo patente el tema geográfico pues ese grupo estaría integrado por la Republica Checa, Grecia, Hungría, Polonia, Portugal y Eslovenia; todos ellos limítrofes con los estados ricos…".

Tabla 15.1

Naciones Ricas y Pobres en 1820
(Ingreso per cápita en US$. $ de 1990)
(Fuente: Maddison 1993)

Reino Unido	1.756
España	1.063
Países Bajos	1.561
País Checo	849
Australia	1.528
México	760
Austria	1.295
Rusia	751
Bélgica	1.291
Brasil	670
Estados Unidos	1.287
Indonesia	614
Dinamarca	1.225
India	531
Francia	1.218
China	523
Suecia	1.198
Alemania	1.112
Italia	1.092
Noruega	1.004
Irlanda	954
Canadá	893
Finlandia	759
Japón	704

En la obra de John Kay no se hace mención al fenómeno actual del surgimiento económico en varias naciones del Lejano Oriente. Allí también se ha presentado un avance importante en el ingreso per cápita de sus habitantes. Aunque en el presente, solamente Japón califica como nación rica, es indudable que China y otros países de la región alcanzarán ese nivel en la primera mitad de este siglo XXI. De nuevo, aquí la historia y la geografía resultan importantes.

El avance japonés posterior a la segunda guerra mundial, los llevó a invertir en los países vecinos más pobres por razones de mercado y de costos de manufactura. Esto, en corto tiempo dio paso al fenómeno de los "tigres asiáticos". Por otra parte, la apertura relativa del sistema político-económico chino, movió posteriormente a inversiones en ese vasto país de la comunidad china residente en la región. Como resultado, hemos presenciado un desarrollo económico chino – medido por incrementos notables de su PIB – de elevada magnitud y de continuidad en el tiempo, con lo que se han incrementado los estándares de vida de sus habitantes. Este fenómeno debe ser analizado cuidadosamente en el futuro, porque se ha presentado en un sistema que restringe las libertades individuales y colectivas, y que carece de la pluralidad que hemos explicado como base del desarrollo europeo y de Norteamérica.

Según Carlyle, la historia del mundo no es más que la biografía de los grandes hombres. Apunta el escritor que quizás esto sea así, pero no explica la historia de la economía de mercado. Las pocas figuras heroicas son los inventores de nuevas maquinarias. Nadie inventó la agricultura, los seguros, la banca y las corporaciones ya que ellas no fueron inventadas sino que formaron parte de una evolución. Adam Smith, el reverenciado fundador de la economía moderna, fue sólo un cronista de la economía de mercado. Ni la inventó ni la diseñó.

Prosigue señalando que el establecimiento de la agricultura, la creación de los sitios para mercados públicos, el desarrollo de la banca y de los seguros, la invención de la organización corporativa, por ejemplo, representaron pasos en la evolución de instituciones económicas, desarrollos sociales e innovación tecnológica. Más que una evolución, ha sido una co-evolución porque no ha existido una causa lineal sino que cada rama del desarrollo se ha apoyado en, y ha requerido de las otras.

Concluye diciendo que las instituciones de mercado se desarrollaron dentro del contexto de un rango de otras evoluciones – en tecnología, en cultura, en política y en la organización de la sociedad – y no se hubiesen presentado en ausencia de éstas. El método científico moderno generó y probó las nuevas hipótesis y los principios científicos alimentaron a las nuevas tecnologías. La vida intelectual enfatizó la razón sobre la autoridad tradicional y los sistemas políticos hicieron su transición del absolutismo hacia la democracia. Este ha sido el telón de fondo común para que surgieran economías productivas y estados ricos. Estos últimos lo son por un proceso de evolución institucional que ha ocurrido a través de los siglos, incluso milenios, Las diferencias en las condiciones iniciales, algunas de ellas bastante pequeñas, explican por qué estos países, y no otros, se convirtieron en afluentes.

El argumento central de la obra "La Ética Protestante y el Espíritu del Capitalismo" de Max Weber, es el de que los puritanos que llegaron en el siglo XVII a las costas de Nueva Inglaterra, buscando glorificar sólo a Dios y renunciando a la adquisición de bienes materiales como un fin en si mismo, desarrollaron ciertas virtudes como la honestidad y el ahorro que fueron extremadamente útiles en la acumulación de capital. Francis Fukuyama en su obra "Trust" usa el mismo argumento central: existen hábitos éticos, tales como la capacidad de asociación en forma espontánea, que son cruciales para la innovación organizacional y, por lo tanto, para la creación de riqueza. Un extenso desarrollo de este concepto es el teme principal del clásico "Democracy in America" de Alexis de Tocqueville, escrito a mediados del siglo XIX.

Ciertos historiadores del desarrollo económico, tales como Douglas North y Robert Thomas, aseguran que la creación de un sistema estable de derechos sobre la propiedad fue el desarrollo crucial que permitió que comenzara el proceso de industrialización. En algunos países, como los Estados Unidos, este sistema se estableció desde su origen como nación, en tal forma que hasta los negocios familiares fueron incorporados como entidades legales y esto explica el desarrollo temprano de grandes corporaciones en ese país y su dinamismo económico. Aún en el comienzo del siglo XXI este sistema estable de derechos sobre la propiedad es más una rareza que una constante en la mayoría de los países y sólo en aquellos en donde se ha establecido en forma permanente, se ha podido experimentar la presencia de riqueza.

El Futuro de los Estados Pobres

Las disparidades en ingresos y riquezas que existen en el mundo actual representan una afrenta para cualquier persona pensante y sensible. El dinero y el crecimiento económico no necesariamente compran felicidad pero es cierto que dan cierta sensación de seguridad que logra que la gente se sienta mejor. Los que viven en los estados ricos no son ricos porque los que viven en los estados pobres son pobres. Simplemente, no es cierto que la economía de mercado y el sistema comercial internacional, estén estructurados de forma que los estados ricos ganen a expensas de los pobres. Si los diecinueve estados ricos comercializaran sólo entre ellos, sus estándares de vida no se verían muy afectados ya que, en la actualidad, la mayoría del comercio es entre ellos mismos. Hay que concluir que los países ricos lo son por su alta productividad la cual es una resultante de su efectiva explotación de la división del trabajo y de sus tecnologías, capacidades y habilidades.

En este mundo, así dividido, el estándar de vida de los países pobres podría descender aun más, y aquellos países ricos en recursos naturales, como Venezuela, podrían verse aún mas comprometidos económicamente. Algunas veces se concluye en los países ricos que los habitantes de las naciones pobres pasan la mayor parte de sus días laborando para pagar las deudas que los ricos les han impuesto. La realidad es que la mayoría del dinero prestado ha desaparecido en malos manejos o por simple corrupción, y nunca podrá ser recuperado, con la consecuencia práctica de que deber sin posibilidades de pagar limita la capacidad para contraer nuevas deudas que por fin puedan aplicarse al desarrollo.

Para concluir, nos aventuramos a decir que la diferencia entre los países ricos y los pobres es el resultado de las diferencias en la calidad de sus instituciones económicas. Luego de cuatro décadas decepcionantes, las agencias para el desarrollo han reconocido esto y han usado su autoridad para exigir reformas. No obstante, estas agencias escogieron como modelo el Modelo Norteamericano, que conlleva la protección de la propiedad privada, la intervención mínima del Estado y muy poca regulación. Un poco tarde descubrieron que las verdades que rodean los mercados son más complejas: Los estados ricos son el producto de siglos de co-evolución de la sociedad civil, de la política y de las instituciones económicas. Es ésta una co-evolución, de difícil transplante, y solo parcialmente entendida. En los aislados ejemplos de transplante: Los Estados Unidos, Canadá y Australia, hubo un desplazamiento de poblaciones enteras – junto con sus instituciones de origen – en zonas casi deshabitadas. El error actual es pensar que el modelo económico norteamericano – al igual que el Marxismo del pasado – puede llevar, por sí solo, al éxito.

No hay una gran narrativa, solo pequeñas historias; sin embargo, en la psiquis de los seres humanos siempre se busca esa épica, ahora en términos económicos, que logre cambiar, copiando uno u otro modelo, la vida económica de los países. Lamentablemente, de esas copias nada positivo se obtendrá si antes no hay un cambio de valores en las sociedades respectivas que de origen a cambios institucionales que hagan posible una productiva economía de mercado. Y no se trata de formulación de leyes, sino de entender que, por encima de todos como individuos, existen leyes naturales del comportamiento que tienen como base el respeto a las instituciones, base de los intercambios entre los seres humanos; instituciones, como la defensa de la propiedad privada, que no son más que los instrumentos que dan confianza al que arriesga su dinero para la obtención de beneficios. Sin este riesgo, y sin esta inversión, no hay entidades productivas y, como hemos visto, no habrá desarrollo.

BIBLIOGRAFÍA

Bagozzi, R.	Marketing Management – The Executive Course
Braudel, Fernand	The Perspective of the World – Harper & Row 1979
	A History of Civilizations – Allen Lane 1994
Burgeois, J.	Strategic Management – The Executive Course
Cameron, Averil	The later Roman Empire – Harvard Univ. Press 1993
Collier's Encyclopedia	
Collins, Roger	Early Medieval Spain – St. Martin's Press 1983
Corn, Charles	The Scents of Eden – Kodansha Int. 1999
Corpoven, S. A.	Evaluación Económica de Proyectos 1996
Cowie, Leonard	The Reformation of the XVI Century – Wayland 1986
Crawford, Michael	The Roman Republic – Harvard Univ. Press 1985
Davies, Norman	A History of Europe – Oxford Univ. Press 1996
De Soto, Hernán	The Mistery of Capital – Basic Books 2000
De Tocqueville, Alexis	Democracy in America – Univ of Chicago Press - 2000
Diamond, Jared	Guns, Germs and Steel – Viking Press 2001
	Collapse – Viking Press 2005
Domínguez, Antonio	España, Tres Milenios de Historia – M. Pons 2004
Durant, Will & Ariel	The Story of Civilization – Simon & Schuster 1949-75
Elliot, J. H.	Imperial Spain – Meridian 1963
Esposito, John L.	The Oxford History of Islam – Oxford Univ. Pres 1999
Finnerty, John D.	Corporate Financial Analysis – McGraw Hill 1986
From, Erich	¿Tener o Ser? – Fondo de Cultura Económica 1978
Fukuyama, Francis	Trust – Free Press 1995
	The End of History and the Last Man – Free Press 1992
Galbraith, John K.	El Dinero – Ediciones Orbis 1983
	Economics in Perspective – Houghton Mifflin 1987
Geist, Charles R.	Wall Street, a History – Oxford Univ. Press 1997
Gernet, Jacques	A History of Chinese Civilization – Cambridge 1982
Grant, Michael	From Alexander to Cleopatra – Scribner Sons 1982
	The Founders of the Western World – Scribner 1991
Hall, John W.	Japan, Prehistory to Modern Times – Tuttle Co. 1981
Herlihy, David	Medieval Households – Harvard Univ. Press 1985
Hibbert, Christopher	The House of Medici – Morrow Quill 1980
Hilfert, Erich A.	Techniques of Financial Analysis – R. Irwin Inc. 1987
Hourarie, Albert	A History of the Arab Peoples – Harvard Press 1991
Howgego, Christopher	Ancient History from Coins – Routledge 1995
Huntington, Samuel	The Clash of Civilizations – Simon & Schuster 1997
Kay, John	Culture and Prosperity – Harper Collins 2004
Kennedy, Paul	The Rise and Fall of Great Powers – Random 1987
Krugman, Paul	Vendiendo Prosperidad – Ariel Soc. Económica 2000
Kulke H.	A History of India – Barnes & Noble 1986
Kurlowsky, Mark	Salt, a World History – Walker & Co. 2002
Landes, David	The Wealth and Poverty of Nations – Norton 1999
Lewis, Bernard	What Went Wrong? – Oxford Univ Press 2002
McNeill, William	The Pursuit of Power – Chicago Press 1982
Montaner, Carlos	Las Raíces Torcidas de América Latina – Plaza 2002
Murray, Oswin	Early Greece – Harvard Univ Press 1978
North, Douglas	The Rise of Western World – Cambridge Un Press 1973

Norwich, John	A History of Venice – Alfred Knopf 1982
Oppenheimer, Andrés	Cuentos Chinos – Edit. Sudamericana 2006
Payne, Robert	Ancient Rome – iBooks Inc. 2001
Ponting, Clive	The Twentieth Century – Henry Hott & Co. 1999
Rangel, Carlos	Del Buen Salvaje al Buen Revolucionario Monte Ávila Editores 1976
Ridley, Jasper	The Freemasons – Arcade Publishing 2001
Romero, Luis Alberto	A History of XX Century Argentina – Penn St. 2002
Schneider, Steven	The Oil Price Revolution – J. Hopkins Univ Press 1983
Schumpeter J. A.	Capitalismo, Socialismo y Democracia Ediciones Orbis 1983
Schwartz, Peter	The Art of the Long View
Spadolini, Giovanni	A Short History of Florence – Le Monnier 1992
Stiglitz, Joseph E.	Globalization and its Discontents – Norton 2002
Stokesbury, James L.	History of the American Revolution – Morrow 1991
Taylor, Alan	American Colonies – Viking Press 2001
Thomas, Hugh	A History of the World – Harper & Row 1979
Tuchman, Barbara	A Distant Mirror – Alfred Knopf 1978
Van Horne, James C.	Financial Management – The Executive Course
Wallbank, F. W.	The Hellenistic World – Harvard Univ Press 1992
Wells, Collin	The Roman Empire – Harvard Univ Press 1992

www.ingramcontent.com/pod-product-compliance
Lightning Source LLC
Chambersburg PA
CBHW060834220526
45466CB00003B/1097